母親這種病

母という病

Takashi Okada

岡田尊司

張婷婷——譯

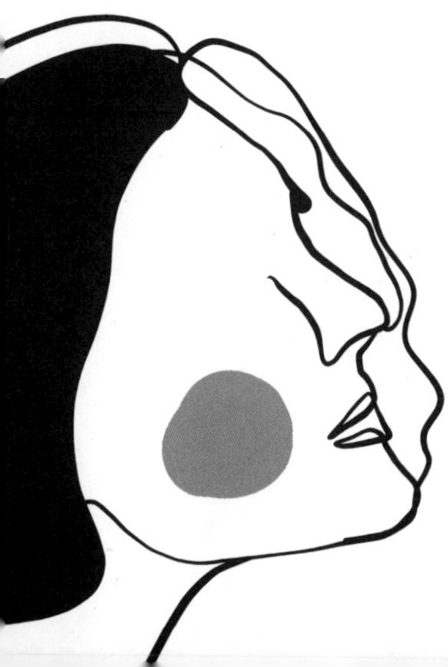

推薦語

「母親」的角色，「生、養、教」絕對是要「學習」的

——楊聰財（楊聰才身心診所院長、國防醫學院兼任副教授）

「母愛是天性」，是我自許為鑽研腦科學的精神科醫師替本書寫推薦序的心得首語。但是要做好「母親」的角色，包括「生、養、教」絕對是要「學習」的，否則便有讓下一代罹患本書作者岡田尊司所稱的「母親病」。

「母親病」雖然不是正式的醫學疾病，卻是現代個人主義盛行、離婚率高下，綜合了生理、心理、環境多面向障礙的時代產物。各位要知道，每天的喜怒哀樂、思考、睡眠、食慾等，大腦中都有很多神經傳導物質（俗稱「內分泌」）在運作，這是屬於生理層面；在此書特別提到孕育母性、還有產生母子依附之愛的源頭，就是與引起陣痛，授乳時分泌旺盛的荷爾蒙一樣，這個荷爾蒙就叫做催產素（Oxytocin）。

母親催產素運作是否良好，加上母親這個人的個性（包括情緒穩定度、自信心、溝通技

巧等），便會影響媽媽如何「教養」她的孩子、以及與下一代的互動，接著便會影響下一代的個性，以及長時期與他人相處時的「依附模式」是否恰當。更詳細與精彩的內容，就有賴各位讀者細細品味這本好書吧！

——洪仲清（臨床心理師）

重點不在責怪，而在療癒

當我跟許多朋友，討論心理學家哈洛（Harry Harlow）的恆河猴依附實驗時，那不到半小時的影片，再加上對於系列實驗的分享，常能撞擊許多朋友的思考。哈洛博士回到愛的本質探討，也就是親密關係的起源，要追溯到我們出生之初，跟主要照顧者的關係。

在一般的文化中，主要照顧者為母親，所以這本書以「母親病」為論述的主軸，展開心理困擾的探討。這對母親來說，實在是不可承受之重，也不盡然公平，因為社會把大部分的育兒責任，都給了母親。

然而，這本書的重點不在責怪，而在療癒。當我們理解了困擾的根源，反而要學習感恩與寬容，才能走出陳年的陰影。作者為精神科醫師，又有醫學博士的學歷，以及身兼作家的身分，所以能夠以小說的流暢筆觸，引人入勝地，帶領讀者輕鬆走入艱澀的理論之中，再走回到我們每個人的心裡。

我從這本書學到很多，也推薦給關心自我成長的朋友們！

孩子，請讓這世界認識你，也懂你的傷痛

——蘇絢慧（諮商心理師．心靈療癒叢書作家）

要在華人社會承認我們曾經因為和母親的關係而痛苦、而糾結、而疑惑、而憤怒、而受傷、而恐懼、而無力……是一件很難的事。往往一句「做兒女的要孝順」，或另一句「天下無不是的父母」就讓在親子關係中受苦的孩子把自身的痛楚往更深的內心壓抑，失去任何撫慰及療傷的機會。

這本書是寫給這些在和母親的關係裡，受傷受苦的孩子們。在我個人認為，親子關係間的傷害，父母總要比孩子多承擔一些責任，因為當孩子還非常幼小時，對這世界尚無概念時，是大人（父母）的對待及教養塑造了孩子世界的雛形。幼年的孩子，是沒有能力分辨、選擇及決定要或不要。為了獲得父母的愛，許多孩子必須要學會討好、順應、忍受或

放棄自我，才能確保愛不會消失。也因為如此，大人總是握有更多的權力來掌控孩子的生命，也自認為正確的以自己的意願任意對待孩子。

孩子因為母親的緣故，成長過程承受各種形式的傷害之後，不僅衝擊自我生命的穩定度及價值感之外，也常影響後來其他重要的人我關係，特別是其他具有依戀關係意義的對象（青春期時是好友，成年期後是伴侶）。往往在關係中，不自覺帶有我們與自己母親相處的經驗及感受，而深受其苦，使生命猶如陷在無盡頭的深淵（例如很多我們與伴侶的關係會複製或重演和母親之間的情感糾葛，或矛盾互動狀態）。

然而，這些因為母親而深受其苦的孩子，常常必須獨自承受痛苦，甚至必須無聲的背負那些以愛之名的掌控、威脅與虐待。不敢吐露實情，也不知如何求助，更多時候，環境很容易漠視，或以大事化小的心態來要求孩子釋懷、原諒、遺忘。孩子的苦痛始終不被聆聽，也不被正視。

願這本書的存在，使長期受母親之苦的孩子們能有一些被理解的支持。或許無法立即改變困境及傷痛，但能讓我們的經驗被這世界承認，是打開生命與世界聯繫的第一步。

孩子，請讓這世界認識你，懂你的傷痛，並擁抱你。

前言

給背負母親這個十字架的人

‧‧母親，究竟是什麼？

每個人都不是自己一個人來到這個世界。

會有現在的你，是因為有孕育你、扶養你的人。

那個人就是母親。

生下你的母親，只有唯一一位。那是一個很特別的存在。

大抵來說，養育你的人也是同一位，因此，更是特別的存在。

每個人都想被這個特別的人所愛，想要被她寵愛。

就算嘴上說「那一點都不重要」的人，在小時候應該也一直如此渴望著。

雖然一直很渴望，卻得不到回應，所以會懊惱、悲傷、氣憤，終至放棄。而現在或許只是用「不渴望」來佯裝自己。

可是其實仍希望被愛。仍希望母親能多看看自己、更珍惜自己。也因為這樣的想法揮之不去，即使到現在才會只要一聽到、一想到母親，就會起戒心。

雖然嘴裡說那無關緊要，但卻始終無法完全捨棄那份執著。

不過，這是一定的。因為孩子本來就是帶著追求母愛的本性誕生。

孩子最大的心願就是為母親所愛。

如果無法得到，那麼終其一生將會一直渴望、執著於母愛。這是很悲哀的宿命。

母親與孩子的愛，在本質上是不對等的。

在嬰兒時期，每個人都只能仰賴父母生存。

然而父母親自己也有許多狀況，他們的愛與關懷並不一定只會對孩子付出。

即使對孩子而言，母親是絕對唯一的存在，但對母親來說卻不一定是如此。

有的母親會一直把孩子當小孩般對待與照顧，依照自我意志支配著孩子。

對年幼的孩子來說母親就如同神祇般，孩子無法違逆母親那如神祇般的存在。

因為想為母親所愛，孩子會想要回應母親的期待。

但如果是一直保持這樣的關係，將會妨礙孩子確立自身與獨立的過程。必須要對孩子漸漸地放手，如果有所猶豫，因而錯失了良機，將會使得孩子失去自立的機會。

這樣的事情在母子之間很容易發生。

・・從一個相遇的故事開始

和他的相遇，是在我念大學的時候。

就稱他為M吧。M是一個非常有魅力的人，敏銳、感性而溫柔。只要看到M，就有一種安心感，跟他在一起非常快樂。當時我是文學院的學生，經常和他聊文學和電影、聊人生意義，一聊就忘了時間，直到深夜。

然而，隨著和他越來越親近，很快地我發現M另外的一面。因為一旦陷入低潮，他就會判若兩人似地開始變得自我封閉，說一些負面的話語。例如要我不要跟他這樣的人來往，或是說他自己沒有存在的價值等等。事實上，M曾多次自殺未遂，徘徊在生死的關頭，我也看過他那沾滿著鮮血的遺書。

M的生活方式本身，可以說在某方面是具有毀滅性的。經過長久的努力，好不容易一切都順利進展了，他卻會親手將它全部摧毀。在他的生命當中重複出現這樣的狀況。雖然他比別人更有才華與魅力，卻沒能好好發揮。我雖然能夠體會M心裡的悲傷，卻一直無法理解為何他要一直傷害自己到這樣的程度。另一個我所不能理解的是，M把自己的母親說得極壞。

有一次我遇見了他的母親。M的母親在學校擔任老師，和丈夫離婚後自己獨立將小孩扶養長大。是個理性、認真、美麗、有氣質的女性。感覺跟我從M那裡聽來的「只是個普通的人」截然不同。

可是，在她說話笑瞇瞇的臉上，有時會在一瞬間突然變得沒有表情。那是當我們談到M的時候，她會突然用冷淡的口吻說：「像你這樣的人，怎麼會跟那個孩子來往呢？我真搞不懂。」然後開始不停地述說M的不是。

剛開始我以為她只是謙虛，便舉了M的優點想圓場。但M的母親卻帶著威嚇的表情，開始用更激烈的言詞來否定M。在我啞口無言的同時，才發現她那種否定的口吻和M自我否定的時候像極了。我開始有些明白，M的痛苦根源是來自於母親。

之後，我轉念醫學院、專攻精神醫學，我遇見了許多懷抱著各種痛苦的人；然而我發現，在那些痛苦背後，或多或少都隱約隱藏著母親的身影。這個想法，在經過二十幾年之後，越發強烈。

‧‧蔓延開來的「母親病」

現代的親子關係，特別是與母親的關係，感到苦惱的人越來越多了。

本來應該是最堅固的情感牽繫，現在卻變得脆弱且不穩定。

顯現在外的，是虐待的增加。兒童諮商的案例，在這二十年當中增加了四十倍。然而，這只不過是冰山一角。潛藏在冰山底層，還有那些發生在日常生活中不自覺的虐待，或是精神上的虐待及心理上的支配。可以看出與母親不穩定關係擴大的孩子當中，有三分之一會表現出對母親的不穩定依附，即使長大成人這個比例也不會改變。

邊緣性人格障礙或進食障礙、憂鬱症或焦慮症，以及各種上癮症的人激增，然而在這些症狀的根底，經常與母親的依附關係不穩定有關。案例的問題越是根深柢固就越與母親相關。相對地，治療起來非常困難的案例，有不少在改善與母親的關係後，本身狀態便產生戲劇性的改善。

不只是那些與母親有摩擦或衝突，或者一看就知道是關係不穩定的人，即便表面看起來關係良好的母子，也是孩子在遷就母親、受母親支配，以這樣的形式顯示親子關係失衡的案例也不少。

不論是有自覺，或是刻意逃避，母親這種病都會在不知不覺當中侵蝕他們的人生。為母親這種病那不知所以的痛苦、空虛、自我否定感到煩惱的人並不在少數。

許多人不知道究竟為什麼要這樣折磨自己，而在當中掙扎著。為了避免失敗受傷，所有的事情都不去認真面對，也不與他人建立坦誠的關係；只是消極地過著自我的人生，不明白自己為什麼要過著毫無意義、價值的人生，且在無形當中認為自己就是這樣的人。

總是看別人臉色、不說出自己真心話、遷就別人，以及老是扮演吃虧角色的人，也一樣不懂為什麼自己只能這樣活著。

與母親關係不融洽的人，會覺得這只不過是跟母親的關係而已，只要將自己與母親切割開來，就一點問題也沒有了。甚至，覺得這個問題根本很無聊，這麼想的人也不少。

也有不少人覺得，跟父母的關係是不需要拿出來討論的問題。

就某種意義上來說，這麼想，是為了保護自己，不讓自己更加失落、受到更多的傷害。

對於有自覺與父母之間的齟齬或不和諧感的人，也許還可以說是願意面對問題的人。

同樣有許多人，雖然覺得自己與母親的關係良好，但實際上卻是其中一方強迫自己忍讓順從，或是對父母過度言聽計從，或者是親子立場對調。

在旁人看來像朋友般的親子，或是看起來很孝順的孩子，但實際情況是孩子在配合著不穩定的父母，被父母所綑綁，而犧牲了自己的人生。

・・對親子關係無止境的影響

母親這種病，不單只是親子關係的問題。

它之所以重要，是因為和母親的關係不穩固的問題，絕不會僅止於與母親之間的關係，而是左右你所有人生的問題。

因為與母親之間的情感羈絆，不單純只是心理的，也是生理的、身體的。母親這種羈絆的病，是情感上的病，而且不僅是心理的，也是生理的、身體的病。

你和母親的關係，是從你出生，不，應該說是從你出生之前、還是一個受精卵的時候就開始了。在你還在母親肚子裡的時候，就和你以臍帶相連，證據就是留在你肚子上的肚臍。

從你出生的瞬間開始，被擁抱、哺乳、照顧養育。那已經超乎了心理上的關係，是更深一層的關聯。沒有了這些，你不會生存下來。即使不完全是如此，但你能像現在這樣，是因為有照顧你的人。

對於還在成長發育的大腦或身體來說，是最初跟母親相處密度最高的時期，也可以說是造就你這個人的最特別時期。

最能夠反映出你在幼年時期有沒有獲得滿足、有沒有安心感的，就是你和母親現在的關係。

如果幼年時期得到母親充分的照料，在母愛的關注中長大，就容易和母親形成穩定的關係。

然而，若不幸的，母親的心思被其他的事情所占據，因為各種狀況無法親手照料年幼的你，那麼你們之間的關係就容易變得不穩定。

因為這個特別的時間，不只是身體，也是形塑大腦與心靈無可替代的時期。因此它的影響，不只對於你的人際關係、抗壓性、對孩子和異性愛的方式、精神健康，甚至對你的身體健康、壽命，還有老化的程度都會有影響。

就連神經纖維的傳導或受體的數量，這種大腦分子層級的構造，都會因為那段時間你有沒有和母親一起度過，有沒有獲得良好照料而有所影響。

一直都和母親一起，受到她的安撫、照顧下長大的小孩，因為自己一直都有人愛，受到保護而能獲得安全感。

這樣的安全感不只是心理上，也會和生理結合。和母親情感穩定的人，對精神壓力的承受度較高，也不容易憂鬱。

然而，並不是每個人都能如此幸運。

剛出生階段，即使只是和母親短暫分開，大腦的構造也會產生差異。更何況長期不在身邊，或是母親有什麼狀況、無法擁抱或照顧新生兒的話，其影響之大更是無法估計。

這樣的孩子一生都將會被懼怕不安、人際關係不佳、抗壓力不足、缺乏自信等原因糾纏，活得很辛苦。

並且，在幼年時期沒有好好受到母親照顧的人，將在自己成為父母之後，也容易有照顧不好孩子的情形。

母親這種病，和人的根本存在相關，它的影響大到在不知不覺當中會為人生帶來重大的改變。

因此，這樣的人會一直執著於父母的愛。

那是因為人會本能地感到不足，覺得必須修復，所以不得不追求。

即使知道每一次的渴望都會造成傷害，然而還是不得不這麼做。

即使在毫無由來的痛苦中翻滾，也要掙扎著想辦法克服，那都是因為源自於對父母愛的執著。

對父母愛的執著，會表現在想要治好母親這種病的潛在願望。

那既是一種痛苦，也同時是一個轉機。

只要你去追求，就有機會克服。

本書是面對母親這種病，去理解在那樣的人身上究竟發生了什麼事情，並從中提供恢復的線索。

祈望你能一起跟著本書，藉由回顧你的人生，或是注視現在生活中盤據你身上的那種母親病，將它純化為結晶，讓它成為你心中無可替代的寶物。

目錄

第三章 **「母親病」會永久帶著心靈傷痕** 95

第四章
不穩定型的母親

第一章

什麼是「母親病」？

牽絆型態有很多種

有母親病的人，會對父母的愛懷有執著心。無論是因為幼年時期獲得的愛不足夠，所以持續渴望，或是因幾乎快被過於沉重的愛壓垮，都會繼續背負這個十字架。

孩提時代不為雙親疼愛，內心沒有獲得滿足的人，越是希望得到父母的愛、希望獲得認同，會一直對父母的愛懷抱執著心。而越是被父母過度疼愛，就會缺乏自主性、長不大，也越無法脫離母親的懷抱。

牽絆的型態有千百種。如果是因為想被愛、想獲得認同，而以過度的行為來表現，那麼有時候反而會變成在折磨父母。也有人因為被父母當洋娃娃疼愛，從小在父母的支配下長大，結果什麼都不會，只得仰賴雙親，但同時憤怒與不滿卻一直悶在心裡。

得不到父母認同的人會覺得自己是廢人，不知不覺中為自我否定所困。為了懲罰這樣的自己，有些人會沉溺於自殘的行為中，也有人會想要報復自己的雙親。這些報復行為，有的是直接攻擊父母讓他們受創，也有人是用毀掉自己的方式讓父母心痛，間接讓父母嘗到痛苦的滋味。

也有人以否定、不認同自己雙親的方式，將他們從自己的人生切割出去，才勉強保住自己。只是，即使和母親保持距離、盡量不見面，也並不表示就能保有內心的平靜。

雖然不是直接受到脅迫，但是不被母親認可、不被愛的想法，會一直盤據在心中一隅，對任何事情都無法積極面對，或是很容易被負面思考所困。那一直盤據在心中的母親，永遠對你的所作所為，不停地低聲耳語「所以我說你不行嘛」。

也有人明明已經離開了父母，卻一直渴求一個能替代父母的人，持續沉溺於補償性的行為。然而，為了能得到代替父母的人，而努力做出許多令人感動、落淚的事時，更多時候得到的反而不會是回報，而是更大的失望與背叛。即使如此，孩子仍無法放棄，依然會持續追求那個幻影。

渴望母親的心情就是如此深切，這就是人的本質。

‧‧容易產生自我否定的想法

不同的人會描繪出不同的人生軌跡，但是有母親病的人會有幾個共同的徵兆。

例如，容易產生自我否定的想法。不被父母所愛，不被認同的受傷心情，在不知不覺當中轉變為自我否定，這樣的烙印持續威嚇著當事人。

他的各種人生樣貌在某種意義上，便是不斷地想方設法從這個自我否定中脫離，企圖克服的軌跡。

有些人會拚命努力做一些受人肯定的工作。

也有些人自我偽裝得很堅強，不讓人看見弱點，藉以取得平衡。

不過，有些烙印太深刻、傷痛太殘酷，會像詛咒般緊緊跟隨著，持續對人生造成傷害。就算憑著努力取得成功，確立堅強自我、磨練自己的人，也不一定能夠完全克服這個根深柢固的傷。很多時候即使表面偽裝得很好，內心深處還是會殘留空虛與不安。

當失去重要的東西或者碰到困難的時候，一旦無法妥善偽裝，那麼好不容易維持的平衡就會開始一片片瓦解。

嚴重到無法完全克服的自我否定，我們會在這一章的最後進行說明。首先，我們要認識在與自我否定奮戰的各種型態。

・・通常扮演「乖寶寶」的角色

最為人熟知，也最被廣泛認定為母親病的，就是扮演「乖寶寶」的角色。這並不僅適用於孩提時代，即使長大成人了也依然會如此。

看對方臉色，行事不由得會想要去討好對方。有時為了配合對方，甚至會損害自己的利益或影響自己的生活。

不僅會太在意他人，就連對父母也過度揣測他們的心意。這都是從幼年時期的經驗中，深印在心裡的行為模式。

無論被什麼樣的父母所生，孩子都想要被愛。更何況是不受父母寵愛的孩子，為了想要被愛，會不斷地觀察父母的反應，而在不知不覺當中學會了「乖寶寶」的行為舉止。

這樣的想法，在一直遭到父母否定的「壞孩子」身上也是如此。很多人即使在外為非作歹，回到家也無法忤逆母親。

否定父母、離開父母的支配也伴隨著苦痛，但如果做得到，也許傷痛還會小一點。

很多案例是，即使一直想脫離父母的束縛獲得自由，但又對離開父母這件事感到不安，於是便維持任由父母擺布的關係。

雖然感受到父母給自己的重擔，可是一旦面對面，還是會看父母的臉色、態度和反應。會不由得扮演起「乖寶寶」，就代表受到父母的支配。所謂支配，並不僅限於暴力或強制的型態；也會有那種外表看起來更美、更冠冕堂皇的控制。

・・

孝順的孩子容易受到操控與支配

孝順，被視為是一種美德。然而，人心並沒有那樣的單純。在你身邊應該也有這樣的人。那就是在虐待並控制自己的雙親面前抬不起頭來，並且不斷奉獻的小孩。

健夫（假名）的雙親在他小時候就離婚了。兩年後父親再婚，來了一個新媽媽。這個新媽媽剛開始對健夫百般呵護，但隨著弟妹相繼出生後，父母將所有的關注都移到了弟妹身上。

健夫從小情緒就不穩定，非常頑皮。然而新媽媽性格上有潔癖，決不允許不守規矩。

新媽媽也曾想對他嚴詞教誨，但說得再多，年幼的健夫就是不聽話，讓繼母完全無法理解。

上了小學後，健夫漸漸變成一個問題兒童。每次繼母被叫到學校，都覺得好丟臉，便向父親告狀。而健夫都會被父親狠狠地臭罵一頓。

健夫的行為一直不受控制，即使智力測驗優異，但在學校的成績表現卻完全不是那麼一回事。

弟弟妹妹學業成績都很優秀，念到了大學，但健夫高中畢業之後就出社會工作。他在職場遇到很照顧他的上司，又獲得高中時代女友的支持，健夫的行為開始逐漸收斂。

工作上他表現努力，以高中畢業的學歷獲得破例擢升，現在已擔任管理職，充分發揮領導長才，並獲得下屬的信賴。

父親過世後，三個小孩當中，也是健夫最珍惜孤單一人的繼母。弟妹雖然有血緣關係，卻毫無照顧自己母親的意願。

健夫在自己新蓋的房子裡為繼母準備了一間孝親房，接她過來同住。

表面上看來，或許會覺得這是一段努力有所回報的佳話。然而只要深入去了解，就會明白這是一齣讓人心疼的悲劇，而且還是雙重悲劇。

健夫為何會從小就是個有脫序行為的問題兒童呢？

以今日的診斷來看，應該會懷疑他是ＡＤＨＤ（注意力不足過動症）吧。ＡＤＨＤ被認為有七到八成和遺傳因子有關，可以說天生因素占很大的原因。

健夫很可能是天生的ＡＤＨＤ。

在最近的研究中發現，與ＡＤＨＤ症狀相關的遺傳因子，會因為養育環境、工作方式，而產生一百八十度的轉變。

如果大人能用體諒的心，讓孩子在充滿愛的養育下成長的話，不但不會有任何問題，還可以發揮他優越的一面。然而，若相反地在被壓抑的情況下長大，就會變本加厲。

ＡＤＨＤ不會因為天生擁有遺傳因子就發病，在不適合這個孩子的養育方式或環境的累積下，才會出現症狀。

幼年時期健夫就和親生母親分離兩地，養育者的改變也可能是讓ＡＤＨＤ惡化的要因。新媽媽有潔癖，討厭小孩子不循規蹈矩，對健夫來說也是個不幸。在潔癖又嚴厲的養育下，更容易引發這類孩子的反抗心。

小時候失去母親的健夫，需要的是更多的愛、體貼與關心。然而健夫實際上得到的卻是完全相反的東西。

弟弟妹妹學業成績優良，又都是乖孩子，在父母的肯定、讚賞下成長。相對地，健夫是在被貶抑、否定的環境下長大。

儘管他有優秀的智商，卻未能反映在他的課業成績表現上，這種狀況也證明了健夫的潛在能力並沒有得到應有的發揮。而這也是缺乏充分的愛和在否定教育下長大的人身上常見的現象。

在父母與師長的否定下長大的健夫，漸漸地低估了自己，放棄了課業，所以才無法繼續上大學。

在某種意義上，這也是父母的期望。

因為還有弟弟妹妹在，而且他們兩人成績優秀，父母當然希望能讓他們進大學。但是要供應三個人念大學是很辛苦的。健夫放棄升學，高中畢業就出社會工作，這對父母來說在經濟上是很大的幫助。

說穿了，母親內心真正的想法是，希望自己親生的兩個孩子，無論如何都要接受大學教育吧？

健夫的成績如果還算不錯，只有這個不是親生的孩子沒上大學的話，會被別人議論。如果是成績不好上不了大學的話，父母親就沒有責任。

不會讀書反而是好事，可以說在某種意義上，健夫感覺到父母親的負面期待，並且也回應了這樣的期待。

也許有人會覺得這種說法太過陰謀論，但是大人的真心話，經常就是這麼醜陋、卑鄙。

相較之下孩子就比父母單純粹多了，無論父母如何的卑劣，孩子雖然無奈但卻能全然接受，而且會想要回應父母的期待。

因為孩子們渴望得到父母的疼愛，這種心情比任何東西都要來得純粹。如果說這世上有唯一純粹的東西，也許就是孩子渴求父母的心情吧。

遺憾的是，父母不見得同樣是如此。

健夫高中畢業出社會工作，是「孝順父母」的行為。繼母對健夫的責難從這個時候開始產生變化，也就可以理解了。繼母逐漸不再像以往那般地否定健夫。

這也是一定的。因為健夫為她親生的孩子犧牲了自己而出去工作。

雖然過程曲折，但在職場上遇到好上司，得到了鼓勵，也在工作上獲得認可。同時對母親及弟妹也因為有經濟上的貢獻，被認為是「孝順兒子」以及「照顧弟妹的大哥」，進而找回自我的肯定。

在自己蓋的房子裡打造一間孝親房給繼母住，將弟妹們不理、不照顧的母親接過來的健夫，之所以這麼做的深層心理，就在於他渴望一直都不認同自己的母親能夠認同自己、愛自己。

從旁人看來會覺得他的成長過程一路都在吃虧，未免太好心、太善良了；然而對健夫來說，這是跟自己的價值有關的重要行動。各種辛苦與困難，與此重要價值相較之下，都不算什麼。

雖然健夫在否定中長大，但他其實還是渴望母親的認同、希望得到母親的愛。

由於小時候愛和肯定的不足，渴望被愛、被肯定的心情，也會強烈到令旁人難以理解。繼母現在倚賴健夫更甚於她親生的孩子，這對健夫來說，是一種無比的滿足和鼓勵。

會一直傷害自己

也有不少人，受到孩提時代想被母親關愛、認同而不可得的想法所牽絆，因此備受束縛。

如果這種想法可以像健夫那樣，成為找回自我價值的驅動力，激勵自己向前的話，或許還有得救，能以此為跳板功成名就。

然而也有些情況是，小時候的愛與關懷不足，或者是否定式的對待，持續以更負面的方式在控制著、傷害著他們。現實上可以說這種情況占多數。

沉溺於藥物、不斷做出自殘行為的愛美（假名），就是典型案例。她有得天獨厚的美麗容貌，一直到小學成績都很好。在成長過程中發生了什麼事？為什麼會去賣春、吸毒，讓自己沉淪呢？

愛美的雙親在她小時候就離婚了，之後她和父親只有偶爾見面。愛美有大她兩歲的姊姊，姊姊從小就很得母親的歡心，不知為什麼愛美總是被母親冷落。

愛美認定姊姊比自己可愛又聰明，那似乎是因為媽媽經常都這麼說的緣故。

總覺得只要一說到「妳姊姊啊」，母親的語調就變得比較高，聽起來就像是一種肯定的感覺；而講到「妳哦」，母親的聲音就好像變得輕蔑、很不耐的感覺。

為什麼會有這麼大的差別呢？

一般而論，母親在自己感覺幸福時刻生下的孩子身上，容易感覺到愛。相反地，在自己不幸、痛苦時生下的孩子身上，就不容易感受到愛。對孩子父親的愛也會反映在對孩子的愛身上。關係不穩定之後才有的孩子，母親也很難帶給他愛。

也許你會認為這只是一時的問題，但實際上並非如此。母親和孩子的關係是否穩定，幾乎是依據幼年時期的關係來確立的，影響甚至會大到事後無法挽回的地步。

在這個時期如果能得到愛，之後，母親就會對孩子有穩定的愛，孩子也會對母親產生安心的感覺，自然而然就能夠向母親撒嬌。

可是如果在這個時期，母親不能給予孩子愛，之後就很難感覺到孩子的可愛，而孩子方面也是如此。他會覺得自己沒有被愛的感覺，而這樣的狀況會為孩子帶來長時間的痛苦與折磨。

懷愛美的時候，父母之間的關係已經開始出現裂痕。愛美出生後，情況非但沒有好轉，父親還外遇，並且同居。

愛美的母親原本以為要是生男孩的話，丈夫也許會回心轉意，結果還是生女孩，違背了她的期望。

同時也因為產後憂鬱的關係，母親的身體從那時候開始就不好，變得經常臥病在床。年幼的愛美沒有得到足夠的照顧。

祖母不得已只好幫忙照顧，但卻經常抱怨與責怪母親。對母親來說，愛美就像是為了折磨自己而生。這當然不是愛美的問題，只不過是大人自己有狀況而已。

雪上加霜的是，姊姊得到了氣喘。恐怕姊姊也是因為妹妹的出生而感到關愛不足吧，藉由生病奪回了母親的關愛。

母親的關愛越來越往姊姊一方投注，於是愛美經常處於被忽略的狀態。

即使如此，小時候的愛美很好帶、很優秀，也經常幫忙做家事。小學三、四年級的時候，就會到廚房幫母親的忙。

然而，母親讚美的卻永遠都是姊姊，她當時並沒有覺得有什麼不妥。可是明明同為姊妹，自己卻好像個幫傭似的，主動站在低人一等的位置，希望被母親接納。

到了青春期，隨著與外面世界接觸的擴大，過去壓抑的慾望一下子想要尋找出口。

面對男性友人或是年長的一些男人們，渴求關愛的愛美對於甜言蜜語往往容易心動。

在家裡像個灰姑娘、那個可憐的自己，一旦被人當作公主般呵護吹捧，那種愉悅感讓人無法抵擋。

在還沒有看清楚對方的情況下，就輕易地踏入複雜的男性關係。那是她第一次感覺到自我的價值以及被認同感。

對於愛美的男性關係，母親自然很難諒解。對母親來說，只覺得一直都是「好孩子」的愛美，是因為與不好的男人交往，性格才會突然轉變。

但是，母親越是加以否定，跟母親的關係越是彆扭，愛美就越想抓住被母親所否定的東西，因為那樣的關係是當下唯一可以拯救她的。

但那個愛美認定的是否真是個安穩的所在？其實不然。

在跟那些分不清好壞的男人關係中，其中甚至有些人是利用愛美的身體，或者要她奉獻金錢。

就算是如此的關係，但往往對方只要說好聽的話，愛美就覺得自己的寂寞有人能理解似的，甚至可以為此出賣身體賺錢供男人們玩樂。甚至有人對她哭訴需償還的債務，她就去調度數十萬的金額給他。

當她知道那些錢其實是被男人拿去用來跟其他女人租屋時，儘管覺得生氣，也不覺得是被騙上當，都會一再相信對方的荒唐藉口。

就算是和那樣的男人在一起，一旦分手，還是會覺得自己活不下去。當男人說出「我想分手」這句話，愛美除了吞下大量藥物外、企圖割腕傷害自己，在她失去意識之前，用簡訊傳了「再見」的訊息。

雖然因男人飛奔而至，愛美保住了一命，但從此男人和錢都再也沒有回來了。

為了排解寂寞，那些來來去去的男人，教會她使用一些危險的藥物。她變得沉溺於藥物帶來的快感。比起那些靠不住的男人，藥物逐漸成為她心靈的支柱。

她對毒品的倚賴越來越深，買不到的時候她就喝酒，並吃下一粒眠之類的安眠藥。因為只有意識模糊的時候，才讓她覺得安穩。那種感覺就像被母親擁抱在懷裡安撫著入睡的感覺。

十七歲的冬天，她因吸毒被捕來到了勒戒機構，但她並沒有想要戒毒的意願。

讓愛美態度轉變的，是母親的到訪。母親哭著向愛美道歉，說過去讓她感覺寂寞都是自己的錯。

要脫離毒癮的泥沼並不容易，但第一步就是要讓當事人自己下定決心要戒除。許多人必須花很長的時間才有辦法站上那個起點，但愛美終於踏出了找回自己人生的第一步。

・・會對愛產生飢渴

對愛深刻飢渴的人，會在沒有看清對方的情況下，為了排解空虛只求短暫的滿足。就像是處於飢餓狀態的人，只要是能吃的東西，什麼都會覺得好吃。

只要聽到好聽的話或是我愛你之類的甜言蜜語，都會當真，並且緊抓著不放。

當我們去追本溯源，最後都會發現是因為缺乏母愛。沒有被愛不但會使一個人產生對愛的飢渴，在遭遇困難或危機的時候，也會變得難以向他人求助與仰賴他人。

愛美總是在抱怨，也是因為如此。

她不懂得怎麼撒嬌，只會扮演「好孩子」，或是因為反抗而變成「壞孩子」。

她對母親是如此，對勒戒機構的人也是這樣。

「為什麼我就是不會撒嬌呢？看到很會撒嬌的人，就會覺得焦慮。想到自己可是一直在忍耐著，就會覺得生氣。」

小時候不會撒嬌的人，長大了之後往往也不懂得撒嬌。

無法對可以撒嬌的人撒嬌的話，就會去求助危險的人。因為只看表面的話，危險的人會表現出最溫柔體貼的模樣。

不小心會掉進那些懂得真愛的人就能輕易看穿的愛情陷阱。這就是母親這種病產生的可悲性。

・・

不斷地追求完美

有母親病的人廣泛的共同特徵之一，就是有追求完美的傾向。

想著自己如果不夠完美，一切都將徒勞無功；如果自己的責任和理想不能完美實現，就覺得自己沒有價值。於是為了獲得認同會不顧一切努力。

追求完美，是因為只有無可挑剔的「好孩子」才能獲得母親的認同。只要有那麼一點不好，母親就會不滿意，因為母親只挑不好的地方講。只能藉由完美來緩和自己內在自我否定的想法。

像這樣在孩提時代累積而來的經驗，便產生了不完美就沒有價值的信念，彷彿認定自己也是這樣期望自己。其實那都是母親的期望。

追求完美雖然也是一種通往成功的驅動力，但並不一定會一路順遂，也會發生過度勉強自己的情形。

更痛苦的是，明明已經那麼努力付出了，一旦發生困難時，卻無法向人求助，也沒辦法找人訴苦。只讓人看到自己的優點，把缺點偷偷藏起來。這也是為了讓人覺得自己是「好孩子」所呈現的「完美自己」。

然而，壓抑自己配合他人，最終會產生不良的影響，有時會藉由按照自己的想法控制他人的行為來取得平衡。然而，那樣的關係並不對等，無論對方是伴侶還是小孩，很快就會覺得喘不過氣而想要逃走。

想要獲得肯定拚命努力

與追求完美的心情連結在一起的，就是過分努力。為了盡義務、責任，或者為了達成目標，明明已經盡最大努力，還是會再強迫自己再加把勁。

因為如果不這樣做的話，就會覺得自己沒有價值。認為只有這麼做才能獲得身邊人的認同。然而這麼做是把極大的負擔強加在自己身上。

一直努力再努力，非但不滿足，還會將目光焦點放在覺得自己還不夠的地方，結果就是努力過頭。以致於把自己的身體搞壞，或者精神上出現問題。

屬於努力型的比呂子（假名）就是如此，內心深處一直抱著自我否定的想法。因為缺乏自信使得她總是率先去做大家都不想做的事，表現出比別人多一倍的努力，透過周遭人士的認同來補償自己。

然而，這樣的努力即使獲得成果，她仍不覺得滿足或喜悅，依然只看到自己不足之處，覺得自己不行。

她非但沒有自覺這樣做是在逼迫自己，更遑論去思考自己這樣的行為究竟是為了什麼，日子一天過一天。

讓她重新看待自己，是因事情嚴重到令她過勞住院。

「為什麼妳要拚到這種程度呢？」

被主治醫生這麼問的時候，她甚至連這個問題的意義都無法理解。因為努力對比呂子來說是理所當然的事情。

然而，在療養生活中，她開始思考，過去認為理所當然的生活方式，絕非理所當然，也許只是自己這麼認為而已。

為什麼自己會這樣一直拚命努力，不肯好好休息一下呢？

在這樣的生活回顧當中，她才發現，那和自己自我否定的想法是互為表裡的關係，而自我否定則源自與母親的關係。

比呂子的父親事業有成，母親外向活潑，也是丈夫事業的幫手，處事精明能幹。照顧三個孩子的工作還有家務，全都交由傭人和保母。母親非常嚴格且不假辭色，家裡的氣氛也很緊張。

母親疼愛的只有小她三歲的弟弟，而對比呂子只會說些加以否定的話語。不論比呂子做什麼，母親都會說：「不行！」想拜託媽媽買什麼東西，也總是立刻遭到「不行」的否決。

她從不記得母親曾經讚美過她，也從來沒有好好聽過她的請求。

還在念幼稚園的時候，比呂子還想過「自己或許不是母親親生的小孩」，幻想自己真正的母親另有其人，藉此平衡自己的心情。

幼小的孩子以這樣的幻想當作自己的避風港，或許道出了欠缺母愛的情況有多麼嚴重。

在經常遭到否定的情況下，比呂子對自己缺乏自信，覺得自己的想法或心情好像都沒有價值，所以很害怕把這些話說出口。

上小學的時候，父親的事業出問題，家裡的氣氛變得更為沉重。家裡的幫傭一個個減少，到最後一個都不剩。比呂子經常幫忙做家事，因為她不希望母親露出不悅的神情。

然而母親的讚美還是只落在弟弟身上。對比呂子就是一副最好妳趕快出去，趕快結婚離開這個家的樣子。

高中時期，比呂子發現自己的心情整個被鬱悶、空虛所籠罩。那時候她遇見的就是信仰。比呂子回頭看，發現支持著自己走過來的是信仰之路。

即使犧牲自己，她也以幫助他人和教團的活動為優先。也因為這樣她才覺得自己的價值第一次受到肯定。

可是這又為她帶來另一種強迫。比呂子還是一樣，只懂得扮演「好孩子」。最後，終於在精神上被逼到沒有退路。

・每次跟母親見面心情就盪到谷底

之所以會傷害自己、犧牲自己，是因為只有這麼做才覺得自己能獲得肯定。

她只能構築起這種對自己不利的關係，因為和父母的關係一向都是如此。這可以直接連結到被視為有母親病的人的另一個特徵。那是因為，跟母親的關係並不真的是安穩的「安全堡壘」之故。

真正與母親關係穩定的人，心裡即使有什麼裂痕，只要跟母親見面、待在母親身邊，受傷的心就能被治癒，心情會感覺很輕鬆。然而有母親病的人，就沒有辦法如此安逸了。

每次跟母親見面後分開，心情就會變得很差，也會常常覺得沮喪。心被攪亂了，因為母親並不是安穩的避風港。

很悲哀吧！每次跟母親見面心情就會低落，或覺得受到傷害，感到很不開心。這些情況從邊緣性人格障礙到不穩定依附關係的人身上，都是常見的狀況。

努力想做些什麼讓母親開心、討母親歡心，但孩子的體貼母親沒有看在眼裡，而講出一些不經思考的話來傷害孩子。

那是長期留下的習慣，無法在一時之間改變。

就算已經長成大人，在社會上能獨當一面也是一樣。更何況是當人生出現不順遂的情況。

只挑出不好或不滿的部分來說、自顧自地說話，把自私的期待加諸在孩子身上。看到母親這樣的反應，孩子感受到的是自己沒有被愛，沒有被珍惜。

悲傷或失望的感覺日益強烈。即使如此仍努力強顏歡笑，但在送走母親之後，馬上就會陷入沮喪的情緒。

無論怎麼努力都沒有用，母親還是不愛我，會有如此深受打擊的感受。也會因此回到被母親拒絕的兩歲或三歲孩子的心情。

有位二十幾歲的女性，為恐慌症和憂鬱症所苦。有一次她發現，只要跟母親見面症狀就會加重。

母親只顧著說兄弟姊妹的事情，當最後提到她交往中的男友，是用輕蔑的口吻說：

「妳，還在跟那個人交往啊？」

她知道母親不喜歡收入不穩定的前男友。她和男友分手，也是因為心裡隱約覺得母親不高興。

不久之後，她認識了一位牙醫師，之後結婚了。

會接受一個大她十歲左右男性的求婚，是因為覺得如果對象是他的話，母親應該會重新看待她。

幸好母親給了她祝福，她認為以後跟母親的關係應該會處得比較好。

母親開始頻繁地造訪她的家，她努力地接待母親。

然而，母親關心的並不是她用心做的料理，而是她新婚生活的家庭。彷彿在估價般地看著她家裡的物品，只問些有關女婿的事，還有女婿診所的經營狀況。

在女婿面前，表現得笑逐顏開的樣子，但是只要女婿一不在，立刻變得一副興趣缺缺，恢復原來冷淡的態度。

這個時候，她才體會到，母親並沒有看著自己。每當母親來訪，她的身體就感覺到不舒服。母親在的時候，她強打起精神應付，但只要母親一走，她就癱臥在床。

‧‧永遠都缺乏安全感

沒有安全基地，換言之也就是缺乏安全感。一點點小事就容易覺得受傷、容易感覺到強烈不安。這使得我們會產生下一章要談的各種問題和症狀。

安全感，並不單單只是覺得安心、安穩的感覺，而是跟自我存在有更根本的連結。缺乏安全感的人，只要有一點被拒絕、否定的感覺，就會認為自己根本是一個沒有價值的人。

一個人的心裡具備的安全感，稱為「基本安全感」。在被愛、被肯定環境中長大的人，都有這份基本的安全感牢牢地支持著他們。所以無論任何時候，都可以感覺到「自己沒問題」、「總會有辦法」。

這種覺得自己沒問題的安全感，不只是因為對自己的能力有自信，也是來自於在困難的時候，身邊一定有人會前來幫助自己的信賴感。

相信身邊一定有人會幫助自己的感覺，稱為「基本的信賴感」。比起是否真的會有人來幫助自己，真正保護著這個人的是那份信任感。

然而，如果原本應該是最珍惜自己的母親卻沒有珍惜自己，那麼就無法培養出基本的安全感與信賴感。

「反正你做不到」、「果然不行」、「你老是讓我講同樣的話」、「這種孩子，不是我們家的孩子」、「不要讓我再傷腦筋」……

媽媽不經意中使用的否定語或嚴厲的話語，也會破壞孩子的基本安全感與信賴感。會因為怕又被說些什麼，所以不敢說出真心話，或表現出自己脆弱的一面。有時候也會因為母親容易受傷，或情緒不穩定，而不敢說出真心話。

因為不說真心話，才能求得心理平衡，在形成坦誠相對的關係時，就容易變得情緒不安。原本是把自己的弱點藏起來才得以保全的自我，變得必須攤在陽光下時，就會突然變得搖擺不定。因為知道會有這樣的反應，所以有時反而會刻意避免親密關係。

因為覺得他人並不是能幫助自己的人，是會傷害、貶抑自己。而自己是看別人臉色、支持別人的角色，因此很難為了求助人而讓自己的弱點表現出來。

這個基本的安心感與信賴感，來自於出生至一、兩歲為止的經驗。一個不能相信他人的人，幼年時期從他人身上經驗到的不愉快和被傷害的感覺，多於愉快、良好的感覺。即使不一定都是母親的錯，但最應該陪在孩子身邊的母親，所扮演的仍是重要且關鍵的角色。

‧‧容易受傷產生負面思考

無法獲得安全或安心、沒有受到保護的感覺，還跟一種特徵有關。那就是容易受傷，容易產生負面的過度反應。

一點點小事就覺得受傷，甚至對支持自己或最珍惜自己的人，總是做出過度反應而深深傷害對方。

覺得被傷害、被迫犧牲的總是自己，因為這樣的想法太過強烈之故，不由得就會變得過度反應。

容易受傷這件事，一方面是因為情緒低落，另一方面是被憤怒的情緒占據。實際上，有母親病的人，不僅容易被憤怒情緒占據，也不懂得如何管理憤怒的情緒。

憤怒是一種負面的情感，表現出憤怒通常不被認為是好事，但是光是壓抑也並不是對憤怒情緒的良好管理。如何表達憤怒，可以說是重要的情緒管理。

憤怒可分為兩種。一種是藉由憤怒的表現，來促進問題的解決，深化人際關係的建設性憤怒；另一種憤怒是無法藉著憤怒解決問題，還惹來不必要的紛爭，造成人際關係裂痕的破壞性憤怒。

忍到不能再忍，最後才爆發，變成無可挽回的局面；或是流於情緒性發言，沒有善加運用憤怒情緒的表達。與母親關係穩定的人，比較容易發展為建設性的憤怒；而關係不融洽或是冷淡的人，就容易變成破壞性憤怒。

與母親的不穩定關係，就像彼此在互相衝撞，不難想像也會陸續累及其他的人際關係。

‧‧會有想死的衝動

我們再回到一開始談到的重要特徵。看到這裡為止，我想應該能更理解，有母親病的人是在內心深處養育著自我否定的想法。

被否定、得不到無條件愛的人，容易低估自己。即使擁有超越一般人的容貌與能力，還是會認定自己是個一無可取的人。顯然的自己在許多方面都表現優秀，卻老是覺得自己到處都是缺點。

這樣的認定，會導致一個人做出「廉價出售」自己的行為。

表面上雖然表現得很強勢的樣子，但內心深處其實缺乏自信，這樣的人相當多。而追求完美、裝出一副自信滿滿的樣子，也是缺乏自信者的另一面呈現。這樣的偽裝或自我防衛一旦破滅，剩下的只有自我否定而已。

當無法保護自己免於自我否定的時候，真正的危機就會降臨。甚至連活下去這件事，都會變成一件不確定的事。

在被愛中成長的人，會珍惜自己，覺得活下去是理所當然的事。可是一直被否定、不被這個世界需要的人，經常會懷疑自己是否有活下去的價值。因為就連活下去這件事，對他們來說也並非理所當然。

否定話語或父母的聲音，會在不知不覺間控制了他。

治樹（假名）一再表示自己想死，他說出來的都是否定的話語。

人生到現在沒有一件好事，所以再活下去應該也不會有什麼好事情。他只想著要怎麼樣才能死得了。

母親從未替他做過飯，運動會或教學參觀也從來沒有參與過。一不順心就作勢拿菜刀要往他身上扔，這都是家常便飯。他還曾經因為被母親從二樓推下而造成骨折。

母親說要殺了他，這句話在他耳邊纏繞、揮之不去。每到傍晚時分，被虐待的畫面就會再度甦醒，他只能抱著頭蜷縮成一團。

他也曾經被母親暴力相向，待回過神來才發現自己滿身是血。

他在筆記本上胡亂寫了數十次的「我要殺了你」、「我要殺了你」，而這個「你」就是他自己。

一直說著「我要殺了你」的，是治樹心中的母親。治樹把母親對自己說的話持續對著自己說。

在治療開始有起色的時候，治樹說出了真心話。

他恨母親，可是還是想跟母親感情好。

「我知道，我知道她一直支配著我，但是我無法反抗，只要跟她面對面，我就什麼也說不出來。」他這麼說。

即使他一直都那麼痛苦，還是無法完全憎恨母親。在心裡的某一隅，到現在仍渴望著母愛。

然而，治樹決定離開母親，那是踏上漫長復原道路的第一步。

具備普世的愛與創造的能力

到目前為止，我們都以母親病負面的觀點來看，不過，幸好母親病絕不是只有負面的影響。

事情的好和壞，往往都是相對的關係。有痛苦或試煉，也有從中產生的正面果實。正因為懷有痛苦與困難，才能被磨練出開花結果的能力。

有許多知名的藝術家、作家或是宗教家、改革者，都是有母親病的人，這正顯現出其正面的影響。

在母親的愛中成長的人，理所當然地會愛這個世界、也能相信這個世界。這樣的人即使不特別努力，也能安樂地享受幸福的人生。因此他們沒有必要把自己的人生賭在艱苦的創造上，也不會因為反抗或責難而產生覺悟，或者犧牲自己奉獻於社會或信仰。

因為他們若不這麼做的話，就無法保全自己，也會失去生存的意義。會這麼認為，是因為他們不曾得到那些理所當然的東西。那是令人感到傷心，也是痛苦的試煉，但也正因為想要超越這個宿命，才會驅使他們去做出超越自己的愛或創造的行為。

這樣的例子多得不勝枚舉，雖然無法在此列舉，但我們還是舉出一個偉大的藝術家為例以供參考。

・約翰藍儂的母親病

約翰藍儂也是一個有母親病的人。

他的母親茱莉亞，生長在一個中產階級的小康家庭裡，或許因為是最小女兒的關係備受寵愛，和個性堅強的姊姊相較之下，是一個隨性生活、性格奔放的女性。

而茱莉亞挑選的結婚對象艾佛瑞，有很多的問題，是一個大家都不認為適合結婚的人。艾佛瑞在九歲時失去了父母，在孤兒院長大，並在一艘客船上擔任服務員。他不但花心，做事也沒有什麼計劃，實在不能稱得上是一個品行端正的人。

然而茱莉亞聽不進任何人的意見，兩人很快地便在一起了。果然婚姻生活從一開始就很不穩定，即使兒子誕生了，也是四處玩樂，直到錢都花光為止。

茱莉亞不是個會乖乖在家裡等待丈夫回家的女人。她和一個年輕的陸軍軍官外遇，懷了孩子。在得知懷孕的時候，軍官已出發前往下一個勤務地點。

當時約翰四歲，他不記得那個嬰兒的事情。因為他一生下來，就被送到挪威當養子了。即使發生這樣的事情，茱莉亞依然我行我素。她再次和一個名叫約翰戴金斯的飯店服務生關係親密，開始一起生活。

像這樣不穩定的家庭，對年幼的約翰造成了影響，被認為有情緒不穩定的問題。茱莉亞的姊姊咪咪覺得這樣的情況不能再放著不管，於是介入了約翰的教養。

咪咪提出了領養約翰的請求。然而在這個時候父親艾佛瑞卻想要回自己的孩子。這對年幼的約翰來說，這場混亂的展開像要撕裂他的胸口似的。最後約翰由咪咪夫婦帶走，但約翰所受的心靈創傷卻久久無法消散。

不過被阿姨領養，對約翰來說也許是不幸中的大幸。不論留在母親身邊，或是跟著父親一起生活，約翰可能都會變成一個性格不穩定的人。

阿姨給極度混亂約翰帶來了生活秩序與安心感，年幼的約翰漸漸穩定了下來。因為阿姨夫婦自己沒有孩子，所以對約翰百般疼愛，但是對教養也毫不懈怠。約翰並不特別用功念書，但他成績優秀，特別在美術表現優異。進入頗具盛名的文法學校（Grammar School，英國的公立明星中學，是完全中學），除了本身的才華外，穩定的家庭環境，也占了很重要的因素。

然而就在約翰剛進文法學校的時候，他與母親茱莉亞再度頻繁接觸，開始每個星期的固定會面。在那之前，雖然他偶爾也會到母親住處玩，但後來次數明顯增加了。

與此同時，約翰的生活態度和成績明顯發生變化。他開始反抗老師，成績也急遽下降，並且吸菸、偷東西。不久之後學會喝酒，還屢次喝得酩酊大醉。

開始脫離優等生軌道的約翰，比起被中產階級古板價值觀束縛的阿姨，活得自由奔放的母親更吸引他。他將一直隱忍在心中渴望母親的心情，全化為行動。

母親彈著班卓琴（又稱三弦琴），教約翰初步的和絃。可以跟母親一起分享音樂的喜好撫慰了約翰。對於母親，他表示說：「說她是母親，不如說她更像是朋友。」

十六歲的約翰遇見了貓王艾維斯普里斯萊，完全被搖滾樂所俘虜。瞞著阿姨買了一把便宜的吉他，在母親家裡開始練習。

約翰和朋友們一起站上位於利物浦的一個小舞台，開始在觀眾面前演出，阿姨迫於無奈，只好買一把更好的吉他給他，但是還是希望他能從事穩定的工作。約翰不做功課、光彈吉他，阿姨對此感到擔心。

學業一落千丈的約翰進了利物浦美術大學，可是，在那裡了解到學習美術的極限之後，約翰轉而尋求音樂的發展。對這樣的約翰來說，母親成為重要的支柱。

就在這時，不幸的事情降臨，母親因為交通意外身亡。事情發生在與母親的關係正透過音樂日漸加深的時候。約翰永遠失去了找回母親感情的機會，留下的只有對音樂的想法，那無疑是唯一能更加接近母親的道路。

許多與約翰熟識的人都異口同聲地表示，如果在音樂之路沒有獲得成功的話，或許約翰藍儂的人生將以一個失敗的酒鬼謝幕。

也許那是對一個從小就被母親病糾纏的人來說，最容易發生的人生故事。

但是，約翰藍儂的音樂與精神，與他從小嘗過的悲傷、恐懼，以及憤怒的心情，關係十分密切。如果沒有那些體驗，也不會產生他的音樂吧！

他那容易受傷的纖細靈魂，正是因為他母親病下才有的產物。

儘管如此，我們更能深刻體會，即使對於像約翰藍儂這樣才華洋溢的人，母親這種病帶給他心裡的痛與控制，和他人並沒有什麼不同。

幼小的孩子只能依附著身旁大人的愛生存。他渴望被父母所愛。受阿姨和姨父的疼愛，小學生時代被認為是「優等生」的約翰，在十幾歲的時候，也是因為和母親的重逢，理解到拋棄自己的母親，對自己人生仍是有意義的，因而想要重建新關係。

無論是哪一個面向的約翰，都是噙著淚水、看著身邊大人的臉色，配合著他們。那也是因為想被父母所愛。即使是捨棄自己的人，也會去接受、原諒，希望跟他們有良好的關係。為了不曾養育自己的母親寫歌，藉著奉獻來克服悲傷與怨懟。

然而母親一方，也許對孩子的純粹心願並沒有想得太深入，或許只是趁機利用孩子的純粹，做出煞有其事的模樣而已。一點也沒有注意到孩子是那麼拚命地在準備、安排。

第二章

「母親病」讓人活得痛苦

與母親的關係不單是心理問題

為親子關係煩惱，或是與母親之間的疙瘩一直糾纏著你，常被認為是心理上的問題。然而母子關係的特殊，就在於它是超越單純的心理層次，它的影響甚至及於生理的、神經的、身體上的層面。

並不只是幼年時期所受的心理傷痛會左右一個人的行動，就其更根本的層面來說，也意味著一個人的大腦構造本身將會產生半永久性的改變。

母子關係與單純的人際關係不同的是，它和生來就有的遺傳因子一樣，是從根本左右著孩子的一生。

要說為什麼會產生這麼深層的影響，那是因為在懷孕、生產、養育的過程，與其說是心理學上的經營，不如說是生物學上的經營。

生孩子、教養孩子，並不僅限於人類。小小的老鼠或是松鼠也是一樣，狗或猴子也一樣，都會生孩子、養育下一代。

即使餵奶這個養育孩子的方法，在人類開始有歷史之前的幾千萬年前，在哺乳類誕生之時就一直持續著。

人類自己一直有站在進化最前線的錯覺，並對此感到驕傲。但在生育孩子、養育下一代的行為上，我們一直都是新人，我們只不過是承接了漫長的歷史而已。人類養兒育女的構造，基本上跟老鼠或松鼠並沒有什麼不同。

那是一種延續生命的經營。母親在養兒育女期間，細心注意，把自己的所有都給孩子。因為這些行為一個個都左右著是否能延續孩子的生命，不只在現在這個瞬間，也在遙遠將來的瞬間。

日以繼夜的照顧、餵養，這種奉獻的行為就是養育。

犧牲自己的睡眠和食物，為了孩子不吝給予，要在這樣的自我犧牲之下才能成立。

為什麼能做到這樣的程度呢？

雖說是女性，很多人在還沒有當上母親前，對小孩並沒有什麼特別關心。因為小孩愛哭所以討厭小孩的人也不少。但是，一旦當了母親，就會變得對孩子疼愛得不得了，連哭聲都覺得可愛。

為什麼會發生這樣的事呢？

這和延續生命不可或缺的生物學構造有關，而這個構造就是依附系統。孕育母性，還有產生母子依附之愛的源頭，就像與引起陣痛、授乳時分泌旺盛的荷爾蒙一樣，這個荷爾蒙就叫催產素。

因為是自己經歷陣痛後產下的孩子，所以覺得可愛，這種說法有著更深層的真相。在陣痛時分泌的大量催產素，會在短期間加深母子的牽絆；再透過授乳，這份牽絆會更進一步地成為一種持續性的現象。

懷抱或愛撫這種肌膚接觸之所以重要，就是因為催產素的分泌，來自肌膚的接觸。依附或肌膚接觸的感覺良好，照顧孩子這件事的歡愉更勝於痛苦，也是因為催產素發揮的效果。因催產素有鎮定不安、帶來好心情的效果。

催產素分泌不佳，或是該與催產素結合的受體數目少的話，這個構造就無法順利運作。於是容易感覺不安，不只會變得神經質、潔癖，與人的接觸或是照顧孩子也不容易感到愉快。

活著變成不愉快的體驗，不論人際關係也好、養育子女也好，都不會感到快樂。容易受負面情感所支配，也不容易與人產生信賴關係。

為什麼會發生這樣的情景呢？

其實，左右催產素分泌或與催產素結合的受體數的，就是幼年時期獲得多少愛的照顧。

受到重視與良好照顧的人，催產素運作良好，不只自己本身不容易感覺有精神壓力，也會善於養育孩子，並容易愛人。

然而，在被虐和受到冷落對待的人，就會發展為完全相反的人格特質。

・・母性的奉獻所賜予的寶物

在完全只能依賴父母的幼年時期，最能顯現出你是如何被對待的，就是一個人具備的基本安全感。

基本安全感，是指可以無條件地信任自己或世界。確實地具備基本安全感的人，無論發生什麼事，都會覺得總有辦法解決，相信未來，並樂觀地認為一定會有人前來幫助自己。如果缺乏基本的安全感，不只會老是擔心個沒完，就連對自己當下的存在都會產生不確定感。

基本的安全感是由零歲到一、兩歲間，完全沒有記憶的體驗所塑造出來的。

英國的小兒科醫生，也是兒童精神科先驅溫尼考特（Donald Winnicott）認為，唯有母親把所有的精神都放在孩子身上，奉獻出她的母性，才能孕育出這種基本的安全感。

雖然溫尼考特是從臨床經驗上做這樣的推測，但現在已有腦分子層次的研究證實了這項說法。

年幼時受到足夠疼愛、照顧的孩子，不單只有催產素，像血清素這類對控制不安有幫助的神經傳導物質的受體都會增加。與母親的依附關係牢牢結合一起，同時也被賜予不易感到不安與抗壓性高的良好體質。

在這個成長期，能得到母親全面關心與感情的人，可以說非常幸運。

然而，不幸的是，當情況並非如此時，孩子便無法培養出基本的安全感，永遠都會覺得不自在；對自我的存在也會感到怪異，很容易覺得好像自己是自己又不是自己的不完全感。

溫尼考特稱此種狀態為「假我（false self）」。這種狀態的共同特徵之一，就是會被那種說不出的空虛感慢性折磨著。

有時會被自己也說不清緣由的憤怒綁架。為了把這種空虛感或憤怒掩蓋過去，有很多人會熱中於一些刺激的行為，仰賴一些可以麻痺神經的藥物或酒精。對空虛感強烈的人來說，保持清醒的狀態本身就是種痛苦。

而回溯其根本原因，都是來自幼年時期嘗到的寂寞與不安。

‥為什麼一歲半前的照顧很重要

與母親的情感牽絆，並不是隨時都可以培養出來的。只有從出生到一歲半這段期間裡，才能形成安定的情感牽絆。那是因為在孩子的大腦中，這個時期是催產素等受體增加最多的時期。

這段有限的時間，對母子雙方都是無可替代的特別時光。這個時期一旦過去，之後再怎麼疼愛，也都已經來不及。雖然不是不可能，但是要找回這段時光並不容易。

為了讓孩子將來不要苦於母親這種病，至少在這段期間，對孩子的照顧要完全投入，這是非常重要的事情。

我想起一位少女的故事。

少女的母親，在她出生兩個星期後，留下一封信出走了。

被祖父母撫養長大的少女，一直把祖父母當成是自己的父母親。

然而，在小學二年級時一位壞心的男同學，將大人之間的謠言告訴了少女。

少女邊哭邊跑回家質問祖母。

祖母沒有辦法再裝糊塗，把真相告訴了她。

「妳騙人、妳騙人！」少女喊著哭了出來。

然而，從那天起少女很少再哭泣，彷彿什麼事都沒發生過，表現得比過去還要乖巧。她的成績很優秀，體育表現也很好，還會幫忙家事。

如果要說跟過去有什麼不同，那就是她不再像以前那樣任性，雖然是個孩子，卻總是客客氣氣的。

後來，她偶爾會想到從未見過面的母親，還曾幻想也許有一天母親會來接她一起生活。

然而有一天，終於有和母親見面的機會。

那是個殘酷的重逢，祖父母帶著她到醫院見住院中的母親。那並不是間普通的醫院，母親因為毒品中毒，住進了精神病院，出現在會客室的，是一個滿是黑眼圈、走起路來無力、看起來比實際年齡老很多的女人。

這就是自己的母親，但是她卻一點真實感也沒有。

這個人不是我的母親，我不想這樣。

少女在心中大喊。

之後，她偶爾還是會想起母親。但因此和祖父母的相處開始變得關係緊張。

同一個時期，母親開始出現在少女身旁。

上中學後的某一天，母親問她是否要一起生活，她像昏了頭似的，被母親這句話給吸引了過去。從祖父母家出走的少女，開始在母親身邊生活。

她連作夢都夢到和母親一起生活，然而實際上跟母親生活後，少女感受到的卻是說不出的怪異，是一種生理上無法接受的感覺。

這種感覺與日俱增。雖然剛開始可以用對母親的渴求與戀慕來掩蓋，但隨著時間的經過，卻越來越無法遮掩。

即便如此，少女也因為不想再失去母親，而處處遷就母親，按照母親的意思生活。

但無法擺脫毒品的母親，和販賣毒品的男人交往。少女甚至幫忙販毒，總覺得這麼做可以和母親在同一個世界裡，才能找回過去失去的那些東西。

可是有一天，發生了一件讓少女渴慕母親的心化為烏有的事情，少女被販毒的男人強暴了。

然而，最讓她震驚的，是得知這件事的母親，非但沒有安慰她，還責罵她：「妳這個狐狸精！」那時在少女面前的，不是母親，而是一個野獸般的女人。

少女除了離開母親身邊外，還能如何？從那個時候開始，少女淪落至無底深淵。

過了幾年，她遍體鱗傷地來接受我的治療時，是這麼說的。

「我不希望媽媽來我的葬禮。」

我感覺到這句話是她對母親最極致的拒絕，同時也是她仍可求母愛的證明。

在大腦形成的時期，依附關係也同時形成。這個時期如果沒有培育出穩定的依附關係，和母親的關係就很容易成為永久不安定的來源。雖然不斷地追求理想，然而一旦面對現實，在心理上甚至會產生異常感。即便在血緣上是母親，但因為沒有被她養育過，身體上會無法接受她是母親的事實。

當依附關係的形成受損

要形成穩定的情感牽絆，最後的期限在一歲半，最多至兩歲左右。被父母拋棄、在育幼院長大的孩子，如果在兩歲以前被養父母領養，就容易對養父母產生穩定的依附關係，對發展遲緩的孩子，也能有所幫助。

然而一旦過了兩歲，便不容易與養父母親近，也容易留下發展遲緩的問題。

首先，可以做的就是在這個時期陪他一起度過。但是，這不單是時間的長短，質比量更為重要。

被放在托兒所的孩子，有可能跟保母相處的時間比跟母親在一起的時間還長。然而，對保母比對母親還要親的孩子卻少之又少。即使時間短，還是表現出對母親的依附。

為什麼如此呢？在這裡可以看出依附關係的特性。所謂的依附關係，是與一個特定的對象之間的牽絆。

一旦依附關係成立，只有那個人才能帶給你安心與滿足的感覺，對於其他人，反而會表現出警戒心，很難去接受。

如果對每個人都能親近、都能撒嬌，那意味著或許還沒有培養出穩定依附關係吧。

從零歲的時候開始，就有許多機會託給不同人照顧的孩子，容易發生這樣的情形。和母親的關係，或許對那孩子來說並不是永遠不變的穩定狀況，而是容易變換、無法預測的狀況。

在這個時期，跟太多人關係過於緊密的話，也會有產生弊害的危險性。

以色列建國後，一個吉布茲（Kibbutz）的農業共同體，嘗試了一種「革命性」的教養方式。讓孩子們住在兒童之家，由專門的工作人員日夜輪班照顧孩子。母親只在餵奶的時間才出現，除此之外的時間都回到農場工作。由於開墾和農作需要許多人手，為了不讓女性的勞動力被孩子搶走，養育小孩就採取效率化的作法。

然而，這樣的嘗試，卻產生了始料未及的副作用。不單是依附關係不穩定的孩子激增，即使成年後，也仍有同樣的傾向。依附關係不穩定的人，被認為容易產生人際關係問題，有情緒不穩定或逃避親密關係的傾向。

由專門的職員輪班照顧這種方式，雖然很有效率，但是卻有無視孩子各別成長的狀況。

孩子需要的，是一個與特別存在之間的緊密連結關係。

不一定得是父母，只要有這個特別的存在，在孩子需要的時候會在他身邊，可以帶著感情回應孩子的需求就好。

吉布茲的教訓，實在是殷鑑不遠。

・・剛強的母親與溫柔的母親

依附關係的形成，在孩子的成長或發展上，幾乎是攸關性命的問題，將這個事實如實呈現給我們的，是美國的心理學者哈利・哈洛（Harry F. Harlow）著名的實驗。

獼猴的孩子，如果沒有母親照顧幾乎都會死掉。但是如果做一隻母猴的玩偶給牠，小獼猴會緊抱住那個玩偶，都會養大。可以擁抱的存在，跟生存所需的養分同等必要。

哈洛用布做了一個柔軟的玩偶（柔軟的母親），和一個用鐵絲做成的玩偶（剛硬的母親），兩個都是可以抱的。

儘管剛硬的母親身上裝了可以喝奶的哺乳裝置，但小猴子和柔軟的母親在一起的時間卻是明顯地長。

從這個實驗當中我們可以了解，牠需要的是柔軟的觸感，感覺舒服的肌膚接觸。

然而即使抱住母猴玩偶總算可以成長，但沒有被母猴撫養的小猴子，不安全感卻非常強烈，牠不願跟任何人接觸，也無法有正常的社會行為。

即便如此，就算好不容易可以與同齡的小猴子玩耍，讓牠有某種程度的社會化行為發展，但有一件事情卻是牠永遠無法學會的，那就是正常的異性情感和養育子女的能力。沒有被母親撫養的小猴子，不是在性方面遭受挫折，就是在生了小猴子後，也沒有照顧的意思。

在這一點上，可以說人類比猴子有更高的適應力和學習力。即使沒有被父母撫養的孩子，也有很多人能夠扮演好父母的角色。只是，那需要自覺的努力。和受到雙親照顧養育的人相較起來，伴隨著更大的困難。

如前所述，母親的養育不只是心理上的，在生理層面上也和孩子的發展有很大關係，少了這一點，不論在社會生活、在養育子女所必備的能力上，很容易發展得不夠充分。

・・催產素不足就無法活下去

為什麼沒有可以緊緊抱住的玩偶，小猴子就會死呢？可以緊緊抱住的玩偶，為何甚至能左右小猴子的生命呢？擁抱或肌膚相親這種肌膚的接觸，為什麼會重要到攸關生命呢？

那是因為將自己託付給依附的對象時，會促進依附荷爾蒙也就是催產素的分泌，可以保全那孩子的安全感，抑制精神壓力，進一步能使免疫系統的作用或成長荷爾蒙的分泌更活躍。

依附，不只是心理上的緊緊相連，也是成長與維持生命不可欠缺的。沒有了依附，不要說養育孩子了，就連活下去都不可能。

沒有得到滿足的照料，被放棄的孩子，不只缺乏安全感、禁不起壓力，還會有成長遲緩、容易生病的傾向。在孤兒院長大的孩子們，在十九世紀時有九成會死亡，甚至到了二十世紀中葉，都還有三分之一的孩子在年幼時就夭折。

如果是母親不幸亡故的話，或許也只好放棄。

但現代社會，雖然母親已經可以很健康、很有活力地照顧孩子，卻產生出棄養的問題。對孩子不關心，忽略孩子。

母親是安全的基地

即使是沒有生命的玩偶，都可以緊緊擁抱，因為對那孩子來說就是一個依靠，雖說是最低限度，但它能夠支持著成長或發展。正說明了在依附上，擁抱或肌膚接觸有多麼重要。

那就代表了它支持了孩子的安全感。藉著緊緊抱住母親的身體，孩子就有了被保護的感覺，因而具備了能得到安全感的基礎。因為這麼做就和保護不受外敵欺侮產生了連結。

獲得穩定依附關係的孩子，不只能安心地生活、穩健地成長和發展，還可以依此作為心靈支柱，走向外面的世界，和其他的孩子接觸、能積極地展開冒險。

與母親的穩定關係成為安全的後盾，使孩子能到外面的世界探索。也就是說，與母親的依附關係具有「安全基地」的功能。

能確實地保有安全基地的孩子，沒有後顧之憂，可以開朗地與他人交往，活動身體去探險，或是在知識上勤奮地冒險。

實際上與母親關係穩定的孩子，不只在社會性和行動面上發展良好，在智慧的發展上也被認為有優秀的傾向。與母親依附關係不穩定的孩子，就連在智能的發展上也會低於原來的預期。

根據一項以三十六個擁有三歲孩子的母親為對象所做的ＩＱ與母親依附穩定性關係的研究調查顯示，與母親的依附關係不穩定和穩定的情況相較下，孩子的ＩＱ平均低了十九分。排除母親的ＩＱ或教育程度、社會經濟狀況後做比較，也有十二分的差距。

此外，所有孩子的ＩＱ比母親的ＩＱ低了十分以上的案例，與母親的依附狀況都是不穩定的。母親本身的依附情感不穩定，不能穩定給予孩子關心的情況下，甚至會影響到智能的發展。

實際上，在育幼院的孩子或受虐的孩子，若能在愛的環境下成長，就能發揮更高的能力，這種案例非常多。這樣的孩子們，若能在穩定的環境中接受適當的指導，在一、兩年內，有些人的ＩＱ就可以提升三十分左右。

母親是不是你的安全基地，對孩子的發展將會產生極大的不同。

培養穩定依附關係應該做的事

要培養穩定依附關係，最重要的是用擁抱接觸來守護孩子的安全感。孩子會依附給予他安全感的人，而形成牽絆。前提條件就是母親要在孩子身邊。在孩子感到困擾的時候、需要幫助的時候，會立刻前來對他伸出援手。這可以說是在培育孩子安全感和信賴感上基本中的基本。

因此，母親長期不在身邊，對依附關係會產生破壞性的作用，會引發脫依附狀態。脫離依附，是對需求母親這件事感到疲累，已經不想再追求的狀態。

長時間不在孩子身邊，在沒有照顧的情況下，依附的關係就容易變得不穩定。孩子會敏感地感覺到，母親對自己而言就像是遠在雲端。

然而，單單有母親陪在身邊，也不一定就能培養出穩定的依附關係。那是必要條件，卻非充分必要條件。

發展心理學家瑪麗．愛因斯沃斯（Mary Dinsmore Salter Ainsworth）觀察美國與世界各地不同文化的親子關係。結果發現，能與孩子有穩定依附關係的母親，皆能顯示出一種超越文化與社會差異的特徵。

那就是具有豐富的感受性與回應性。這裡所說的感受性，是指感受到孩子的心情或欲求的能力。不能正確解讀孩子的心情，用自己認定的想法做事，容易讓依附情感變得不穩定。

此外，回應性是指對孩子的行動有回應。對聲音或表情動作有反應，滿足孩子的要求，或是當孩子求助時，會伸出援手。

最有害的是，母親缺乏反應的情況。雖然反應有些許誤差，但有回應還是比沒回應來得好。可是父母反應過度，所有事都先幫孩子做好，孩子會變得無法自己行動，不斷地看母親的臉色。這樣的情況也容易使得依附關係變得不穩定。

更何況本來是應該保護孩子的父母，若是一不高興就威脅孩子、處罰孩子，與孩子之間的依附關係就會遭受破壞。

・・依附模式會依關心的方式有所不同

孩子依附關係不穩定的案例，有幾種代表模式。

其一就是對孩子不關心，也不太注意的狀況。就算孩子有需求，也會一副不耐的樣子當作沒看到。孩子再怎麼哭也不太會去抱他。

這類母親的孩子，不太會對母親撒嬌，母親不見了也不太難過。這是稱為「迴避型」依附模式的特徵。母親會覺得自己的孩子很獨立，不需要照顧。

還有一種，就是乍看之下似乎感受性與回應性都具備，但卻是過度或不平衡的狀態。大致來說，容易發生保護過度的情況。神經質又有強烈不安感的母親或完美主義的母親，太神經過敏，也容易發生過於關心的情形。連孩子本人並沒有要求的事情都伸手幫忙，就變成干涉過度。

這些案例很容易看出來，是因為孩子一方面依賴母親，不如所願就表現出強烈憤怒，或是相反地拒絕母親讓母親感到困擾。這種類型稱為「抵抗／矛盾型」。

有位女性一直很想要一個女兒。然而當她生下來的是一個男孩時，她感到很失落。而全心疼愛這個男孩的，是祖父母。四年後，一直期待的女兒誕生了。母親黏著女兒，保護過度地養育她，即便女兒自己能做的事，媽媽也會出手幫她做。

女兒懂事之後，自己什麼也不會，都靠媽媽，變成了一個強烈缺乏安全感的孩子。母親一不順她的意，就生氣抓狂。每天早上搭幼稚園交通車跟母親分別時都會大哭；上小學後也不太習慣，經常請假沒去上課。

大兒子很早就獨立，也組織了自己的家庭，不過卻與自己的原生家庭少有往來。相對地，女兒結婚後大半時間都待在娘家，一直為焦慮和憂鬱症所苦。

母親沒有照顧到的兒子，養成的是冷漠的「迴避型」依附；而母親過度照顧的女兒，則變成強烈的焦慮，形成「抵抗／矛盾型」依附。而這樣的關係，到現在已經三十幾歲仍持續，沒有什麼改變。

更不穩定的類型，是稱為「混亂型」的依附關係，綜合了「迴避型」與「抵抗／矛盾型」，特徵是沒有秩序與無法預測反應。這種類型是因母親的不穩定，孩子的安全感受到威脅，在受到虐待或受陰晴不定母親的控制下很容易發展成這種型態。沒有辦法坦誠自己的心情，雖然想靠近母親卻又害怕靠近，想撒嬌又不敢撒嬌，完全相反的想法互相拉扯，顯示在外的是令人難解的反應。

雖然說「三歲定終生」，但人際關係的模式或基本的安全感、基本的信賴感這些東西，在依附關係形成的一歲到一歲半之間的幼兒期，就幾乎都已經大致定型了。

在這層意義上，要說是「一歲定終生」，也沒有什麼差別。幼年時期的深刻體驗有不易改變的傾向，但也會因成長或之後的體驗，而獲得某種程度的補償，外表上看起來安定沉穩。

例如，即使是一、兩歲時表現出「混亂型」的孩子，稍微大一點之後，也會變成「控制型」的孩子。「控制型」的特徵就是孩子會想要控制父母。

還有兩種類型，會藉由讓父母親困擾或威脅父母，來達到他想要的「懲罰型」；以及藉由幫助父母、變成父母的商量對象，想要支持父母的「懷柔型」。孩子的努力讓人感動，他們努力想要獲得穩定的關係。

「懲罰型」的孩子，在長大之後仍會表現出用暴力或力量去控制對方的傾向；而「懷柔型」的孩子，則是藉由看別人臉色、阿諛奉承、服務別人來找到自己的定位。依附關係的傷痕，會以這樣的形式持續下去。

但是，如果能早一點發現問題，改變關心方式的話，即使在一、兩歲的時候有「混亂型」的傾向，之後還是可以表現出穩定的依附關係。

・「容易受傷型」和「感覺遲鈍型」

依附的特性，就是在被養育的過程當中所學會的，後天因素占非常大的關係。實際上，依附關係的穩定性，養育等環境因素占了百分之七十以上。也就是說，依附關係會演變成哪一種，完全視幼少時期的關懷方式而定。

只是，天生的因素（遺傳因素）也被認為占了百分之二十五左右的影響。有些孩子一生下來脾氣就很倔強，愛哭、很難帶。強烈缺乏安全感的遺傳基因型，或是對新奇事物探險度（對新事物有強烈好奇心傾向）高的遺傳基因型孩子，大概都不好帶，演變成依附關係不穩定的風險比沒有這些遺傳基因的孩子要來得高。

即使有這些遺傳基因的孩子，如果母親本身很穩定，而且體貼、關懷地照顧孩子，不只風險不會上升，和父母的關係都傾向於良好。越是敏感的孩子，父母親養育造成的影響會使好的更好，壞的越壞。

在一項荷蘭進行的研究，將初生就脾氣倔強的一百個嬰兒分為兩組，一組用普通的方式照顧，另一組則指示母親對孩子進行增強反應的教養。到了一歲階段的調查，發現一般方式照顧的孩子，有過半數孩子顯示出不穩定的依附關係，其中有許多是「迴避型」。相對地，增加反應的一組，則幾乎全部都顯示出穩定的依附關係，並且這個效果到兩歲時仍然持續。

這個研究，只在出生六個月到九個月間的三個月當中進行這樣的積極作為而已。短短的三個月期間，有意識地去改變關心方式，孩子的氣質和性格就產生了極大的差異。

幼年時期母親的關愛就是這麼重要。如果把這段時間看得不重要，疏忽以對，之後在教養上就有可能會變得辛苦，或是有悲劇發生的可能。

況且，依據最近的研究發現，日本等亞洲的孩子和歐美白人的孩子相較之下，擁有不安的遺傳基因者較多，也比歐美人更容易受到母親關愛方式的影響。

不安感強烈的遺傳基因擁有與否，將產生缺愛的「敏感型」和對比的「不在意型」。前者容易受到父母影響與牽扯，後者則無論如何地被養育長大都是沒有什麼影響的幸運兒。

白人不在意型占了六成，而日本人等亞洲人則相反，有三分之二都是敏感型。

即使在欠缺關愛的環境下長大，也沒有什麼影響的人，雖然也占有三分之一，但有三分之二的人容易受影響，而這當中又有三分之一的人是屬於相當敏感型。這個時候感受的不安全感，比起因大腦發展本身的改變，而對之後人際關係和抗壓性造成的影響更大。

在看重獨立和自我責任，甚至親子也不太允許撒嬌的歐美社會，更可以說因為過半數都是冷淡型才會如此。然而即使在歐美，有依附障礙的人也持續在增加當中。

相對於本來就容易受傷的亞洲人來說，同樣的事會產生依附傷害的人可能就比歐美人多。就某種意義上來說，日本式的撒嬌，也是為了保護容易受傷的心所必需的防護措施。

∴名為依附形式的「年輪」

幼年時期與母親培養的依附模式，是具有相當恆久性的東西。即使到成年階段，大概也會有七成左右的人仍維持幼年時期的依附模式。

只不過，在一部分的人身上會產生巨大的變化。有些是過去不穩定的依附關係變得穩定，也有完全相反的情形。

幼年時期感受到幸福，也可能因後來的經歷，而使得依附情感受到很大的傷害，那麼依附關係就會變得不穩定。

其中之一，就是雙親不和或離婚。某種意義上來說，越是將穩定的依附情感和雙親連結在一起的人，雙親的爭吵或與父母單方的離別，都會使得孩子的依附情感受到傷害。對人際關係或男女關係產生懷疑、變得消極。當然，也會有更想去追求替代雙親的存在，發生過度依賴的情形。

另一種是在一般家庭裡容易發生的，由於對孩子過度的支配或控制，母親侵害了孩子的自主性。即使母親想盡自己最大力量，做一個好媽媽，但是沒有能體會到孩子的心情，和孩子要求的落差擴大，使依附關係漸漸變得不穩定。

與父母之間的關係固然重要，但隨著年齡的增長，圍繞在孩子身邊的朋友或師長等人的關係相對變得重要。如果能夠遇到可以確保他安穩的場所，成為他的安全基地、保護他的人，即使家庭裡有些許不穩定的因素，孩子的依附情感也會因此逐漸變得穩定下來。

母親可以說是一個讓孩子覺得即使自己在與外界接觸，也能有一個安心的環境或安全的基地，給予他各種關懷或幫助的角色。一個有穩定依附情感的母親，比較容易做到這些事情；但是一個本身就不穩定的母親，即使發生問題也不關心，或是採取極端的處理方式的話，反而容易使得孩子更加孤立。

當然，有很大一部分光靠母親的力量也無濟於事。因為現代社會本身失去了溫柔和寬容，只專注於保護自己，對規則不知變通，只會優先配合多數人的方便，不穩定且處於弱勢者，就越來越沒有屬於他們的所在。

在這層意義上，母親這種病，與其單純說是母親的原因，不如說是無法保護母親或孩子的社會也是促成的原因之一。

無論何者，都是累積了各式各樣的體驗，固有的依附模式或是依附型態才能逐漸確立。眾所周知，在成人之後，依附型態有時會改變。這其中最重要的因素，被認為是受到長時間共處的配偶或伴侶的影響。

若有穩定依附型的伴侶，有些不穩定依附的人也會轉為穩定型。相對地，原本屬於穩定型的人，也會因為配偶是不穩定依附型，而轉為不穩定的類型。

只是，讓人覺得不可思議的是，若雙方都是不穩定型，並不會因此就一定產生不好的結果。也有人因彼此體貼、互補，最後兩者都變成穩定型。

依附型態，就像是人的心靈年輪，幼年時期的體驗帶來的影響非常大，但是之後的體驗也會成為年輪般地刻印上去。

「被困型」和「未解決型」

成人的依附型和孩子的依附型有些許不同。相當於孩子的「抵抗／矛盾型」的是「被困型」或稱之為「不安型」。另一方面，「迴避型」被稱為「輕視依附型」。再者，相當於混亂型的則是「未解決型」，這些全都歸類為不穩定型；而穩定型的依附型態，則稱為安定（自律）型。

有母親病，並為此所苦的人，最多的類型是「被困型」與「未解決型」。與母親切割不去、思慕母親的人，許多都是「迴避型」（輕視依附型）。

「被困型」的人是至今仍被父母否定感情牽扯，有強烈害怕被拋棄的不安全感。對自己重要的人，卻抱持相反的心情，容易採取批判、攻擊的態度，無法坦誠面對自己的感情。

然而，為什麼會有這樣的反應呢？他們自己本身也可能並不清楚。或許是在還沒有記憶的年幼時期有過受傷經驗所導致。

「未解決型」的人，有過與父母離別或悲傷的體驗，與「被困型」的不同點在於他清楚記得那件事，對自己的心靈傷害有自覺。然而，一想到那件事，就難過、痛苦得無法冷靜，至今仍無法跨越。所以當感到壓力和疏離的時候，就容易變得不穩定。

「輕視依附型」的人，表面上都是一副沒什麼問題的樣子。雖然他自己也是打算這麼想，對於母親也想往好的方面想，認為父母對自己來說並不是什麼大不了的問題。然而，實際上可以看出，他們在幼年時期曾嘗過寂寞的滋味，沒有感受到愛的特質。

「輕視依附型」的人，在對父母以外的人際關係也是很表面、冷淡的，不喜歡太過親密，如果距離太近就會覺得不舒服。缺乏體貼的心，即使對自己很重要的人感到痛苦，也不覺得如何。比起人際關係，他們對事物或工作的關心度更高。

「未解決型」則與其他類型有重疊之處，在這種情況下問題容易變得更明顯。在有母親病的人當中，我們常可以看到同時有「被困型」和「未解決型」這兩種問題的人。

依附型態，大致反映了你從小到現在與父母之間的關係。反過來說，如果能知道自己的依附型態，就可以了解你需要克服或已經克服了多少親子關係的問題。

母親病就是一種依附病

母親對孩子各方面都有決定性的影響，其中影響較大的就是屬於依附關係這一層面。幼年時期與母親之間建立的依附關係，雖然在之後的生活中可以獲得修正，但多數在長大成人後仍保有其基本架構。母親這種病，就是一種依附病，不只是心理上的牽絆，也會對生理、身體都造成影響。

不論母親是屬於不穩定依附型的，或者母親是穩定依附的人，若母親處於一個嚴酷的狀況中，沒有餘力好好照顧孩子的話，孩子的依附關係就容易變得不穩定。

然而即使母親本身是不穩定依附型，但卻能用不變的溫暖與愛來關心孩子，那麼孩子也能夠擁有穩定依附關係。即使母親心裡有許多傷痛，但在她決意唯獨對孩子永遠都會有深深的愛，並能夠實行的話，就能與孩子建構穩定的關係。

相反的，即使母親本身有穩定的依附型態，但在孩子最重要的時期關愛不足，或者因不幸患病，即使想照顧孩子也無法如願的情形下，就容易在之後發生問題。

經過一段時間後，雖然母親看起來沒有什麼問題，母親與孩子的關係卻會變得不和諧。在孩子陸續發生問題的案例中，我們常常看到這樣的情形。

然而，這是需要把過去的結解開才看得出來。母親若缺乏自覺，更何況是孩子，只會莫名地一直處在痛苦中，這樣的案例占了很大部分。

從依附這個觀點下，才第一次清楚看出，母親這種病會給孩子帶來什麼，又是用什麼樣的無形力量在支配著孩子的人生。

第三章

「母親病」會永久帶著心靈傷痕

不穩定依附關係會產生各種問題

與母親的關係，透過依附這種牽絆的結合，不只是人際關係的基礎，依附也有「安全基地」的作用，成為心靈的避難所及堡壘，是保護一個人最後的精神支柱。

這個功能若無法順利運作，缺乏心靈的支柱，就等於必須在未知的危險中度過。

因此，成長過程中，沒有和母親建構穩定依附關係的人，容易感到不安和壓力。因為後盾不夠堅強，所以對每一件事情都表現得很消極，不論是對知識的探索、外界的探險，都會顯得猶豫不決。結果就會錯失機會，無法延伸自己的可能性。如前所言，就連智能的發展都會比原來的潛在能力來得低。

社會性的發展和行動，在情緒的控制面上也會有負面影響，成為容易引起行為障礙或情緒障礙的原因。實際上，大部分在兒童收容之家等地的孩子，都是未能從母親身上得到穩定的愛，而且到現在仍得不到愛的孩子們。

即使在孩提時代問題並不太嚴重，乍看起來順遂的情況，也會在進入青年期後，才開始感覺到心裡有空隙，變得憂鬱或不安，開始為不平衡的自戀或對自我認同產生質疑。與母親依附關係不穩定的人，在青年期容易感到迷惘，需要辛苦地確認自我認同以及獨立自主。有可能過去明明是優等生，進入青年期後成績卻變差的情形。

由於沒有真正的安全基地，所以想要緊緊抓住什麼，很容易就被一些危險分子所欺騙，成為一些宗教崇拜或藥物的餌食。沉溺於愛的代用品，容易演變成上癮症。

即便能夠成功自立、出社會工作，也還不能從負面的詛咒中得到自由，無法在人際上與人有對等關係；往往因過於體貼對方、過於卑下，表現出傲慢的態度而被誤解。

由於原本就對壓力很敏感，因此對周圍的人都非常小心，勉強自己以求獲得認同，身心都容易患病。特別是罹患壓力性或精神性疾病的風險會提高，連平均壽命都會縮短。

其中令人沮喪的是與自殺的關聯。和父母親關係不穩定的人，不只是青少年，成人企圖自殺的風險也很高，它的影響比是否能順利適應社會還要大。

實際上在社會上看起來很成功，卻突然自殺的案例，有許多都是與父母，特別是與母親的關係不穩定而產生的。

幼年時期和母親之間聯繫的依附關係，可以改變的東西有多少？認真思考真的很驚人。了解到這一點後，一直與母親關係處不好的人，會發現自己一直以來背負的十字架之重，失去的東西之多，應該也能領悟到自己過去為什麼會活得這麼辛苦了。

可是，到目前為止列舉的不利點還要再增加一項，在某種意義上是更為深刻的影響，那就是會顯現在最親密的人際關係領域中，也就是戀愛、結婚、養兒育女這種私生活領域上。把自己曾經嘗過的悲苦再讓孩子們嘗，把下一代也捲進去，可以說是更深層的悲劇吧！

‧‧對擁有孩子會產生恐懼與抗拒

有母親病的人常見的嚴重問題，是對於戀愛或婚姻不抱希望，對於親密關係猶豫不決。但相反地，自己一個人又會覺得不安，戀人或伴侶一個換一個，但是關係都不穩定，無法長久發展，不斷重複同樣的失敗。

雖然期待下一個對象，但是只有一開始會覺得對方是理想的人，當發現自己認定的只是幻影時，對方馬上會變成最糟糕的人。這對離婚的風險也有影響。實際上，與母親關係不穩定的人，被認為是具有高離婚風險的傾向。在美國以一千多人為對象進行的研究中，有穩定依附型態的人離婚率是百分之十六．六；相對地，不穩定依附型的人是這個數字的約莫二倍，百分之三十四．四。

戀愛或結婚的問題已然如此，進一步到養兒育女時，有母親病的人也容易有困難或障礙。養兒育女在某種意義上，是必須面對自己最弱、未解決的部分。

有些人會對擁有孩子感到害怕或抗拒，也有些人會順勢想要有孩子，但是要去愛孩子時卻感到困難。特別是心裡還沒準備好，自己的問題還沒有克服，很年輕就當了父母，就容易發生這樣的事。

只是，不太喜歡孩子的人，或是對養兒育女沒有自信的人，一旦受到命運的捉弄當上父母，很不可思議的就像是開啟了當父母的開關似的，可以做得很好。

特別是母親，因為生下孩子，從一個女兒急遽變身成為母親。引起這個變化的就是如前所述的，生產時大量釋出的催產素。催產素不只會促進陣痛，還會開啟養育兒女的母性行動。

之所以可以忍受分娩這種撕裂身體似的劇痛，即使生下孩子後筋疲力竭，還是能夠不眠不休地奉獻自己照顧孩子，也是由於催產素使人變身為母親。催產素將母親的奉獻化為喜悅，緩和了不安與壓力。

因此，即使原本討厭孩子的人，一旦成為了父母，卻可以將孩子帶得很出色，這樣的例子並不少見。事後想想，多數會發現當時真的是投入到忘我的境界。

這種忘我的境界，在養兒育女上，是比什麼都重要的事。如果沒有辦法到忘我的境界，才是最令人擔心的。

悲哀的是，並非所有的母親都會為養育孩子感到喜悅，以及都能奉獻到忘我的境界。有些人感到的是痛苦而非喜悅，這樣的差異究竟從何而來呢？

即使同樣分泌出催產素，它所引起的作用卻有個別差異。

感應催產素的受體多數存在於歡愉中樞的人，就會疼愛孩子，並且餵母奶還會帶給母親快樂。

若是感應催產素的受體較多數存在於不安與恐懼中樞的話，會減少不安和壓力。催產素受體多的人，不只愛孩子會使她快樂，藉由疼愛孩子還會使她減少不安和壓力。

然而催產素受體只有少許的話，授乳和照顧孩子這些事情不太會帶給母親快樂，還會使母親容易感到痛苦。當容易感覺不安時，養育孩子也成為了她的精神壓力。

我們知道催產素受體的多寡或催產素的分泌，如前所述，是取決於你幼年時期受到多少疼愛、受到多少照顧而定。

換言之，受虐、被忽略，在缺乏愛的嚴酷環境中長大的人，催產素的受體不會增加，催產素分泌會不良；因此，就會變成一個容易感到痛苦或壓力的體質，這一點在養育孩子的時候就會表現出顯著的差異。

幼年時期不曾被愛的女性，在生產後容易罹患產後憂鬱症，或是虐待的風險較高。那並不單是心理的問題，也是生物學層面的問題。

虐待致死自己的孩子的事件層出不窮，可以說是雙重悲劇。這種悲劇的種子很可能是在嬰兒時期就已經埋下了，並不是嚴厲懲罰母親就能解決的問題。

近年來虐待事件激增的背景，在於核心家庭或單親媽媽的增加，以及社會支援的貧乏等等，固然是因為社會環境加諸於育兒母親身上的壓力增大，但在愛與關懷不足的環境中成長，使依附系統不發達的人變多的關係也應該有所影響。追本溯源是那些年輕的母親也不曾被母親愛過的關係。

・催產素的匱乏與性格

催產素不只與母親和依附有關係，也影響了人際關係和情緒的安定性，對不安與壓力有廣泛的影響。換言之，在所謂的性格上，催產素的作用也擔任了決定性的角色。

催產素的作用，受到出生後的養育影響相當大。是否能對人感到親近，或是有強烈的不安，以及是否有潔癖之類，都被當作是與生俱來的特性，其實有不少是幼年期在和母親的關係中學到的。

嬰兒期時能在安心的環境中，獲得充足的愛與照顧的孩子，催產素的作用變得較為活潑，反之亦然。

有母親病的人，容易顯現出共同的性格傾向，也是源自催產素的作用較弱的原因。

那麼催產素的運作強或弱，在性格上可以看出什麼樣的差異呢？

催產素豐富的人，在人際關係上不容易產生不安或不信任感，自然地不僅會增加與人的聯繫，還容易培育出豐富且穩定的連結。較為寬容、體諒，有穩定和各方面發展均衡的特徵。

相反地，催產素貧乏的人，無法享受人際關係，會迴避親密關係，容易陷入孤立或孤獨的傾向。不僅有強烈不安感，還容易有神經質和潔癖，執著於枝微末節，只在乎他人的缺點或討厭的地方。

像這樣的不寬容他人，也是在催產素弱的人身上較容易看見的特徵。

感情暴衝、過度激烈、容易有攻擊或怪罪他人的傾向，破壞人際關係，讓自己的世界變得狹隘。

這裡所說的特性，都是使得那些有母親病的人痛苦的特性，也是不穩定依附型態的特性。

‧‧母親病引起的連鎖症狀

有親子關係問題的人，容易感到壓力，並且不懂得減緩壓力可適時地去倚賴他人。面對應該會支持自己的人，反而感到壓力而彆扭。因此精神狀況容易不佳或引發症狀。

另外，罹患精神疾病的風險也較高。與母親之間的不穩定關係，會提高的發病風險的疾病與症狀可以列出一長串來。依其年齡與依附關係的類型，容易顯現的症狀雖然會變化，但是嚴重者，會引發連鎖症狀，就像推骨牌一樣。病名雖然隨著成長而改變，然而問題也會越堆越多。

一開始是在幼年時期，會顯現出與母親的不穩定依附關係。在這個階段發現的話，只要多小心、注意關愛的方式，就能防止之後的發生。

依附關係不穩定的孩子身上容易被看到的問題，就是在幼兒期有強烈的不安，對與母親的分離會產生抗拒，或是安靜不下來一直動來動去的傾向。還會有脾氣暴躁、尿褲子或惡作劇，有事不坦白、頑固，還會故意做出讓人困擾或有攻擊的行為。

那是他在發出追求穩定的愛與安心環境的訊號，在這個階段若不作適當處置的話，接下來就會發展成ＡＤＨＤ（注意力缺失／過動障礙），或對立性反抗疾患等行為上的問題。這當中一部分人會有強烈的情緒不穩定傾向，到了青春期後，有些會發展為情緒障礙或邊緣性人格障礙。

另一方面，在幼兒期結束時會暫時呈現出穩定的樣子，行為舉止過度乖巧，乍看之下覺得沒有問題。只是這樣的案例在青春期後，有可能因遭受某種挫折而開始，出現焦慮或進食障礙、憂鬱等情緒障礙做出不良行為，或以藥物上癮、邊緣性人格障礙等方式呈現出來。

・・

依附關係不穩定的孩子多數有ＡＤＨＤ

像這樣的母親病，由於產生不穩定的依附關係，會引起許多依附相關的各種症狀或障礙。

幼年時期到兒童期的代表性症狀就是強烈的不安全感，和母親分離會有強烈不安的分離焦慮；或是有注意力散漫、衝動傾向明顯的ADHD（注意力缺失／過動障礙）。

特別是ADHD，是「發展障礙」之一，過去醫學界認為遺傳因素占了八成，是天生因素較強的「腦部障礙」。

兒童中有百分之五到六符合這一點，而且每次調查患病率都有提升的趨勢，在美國有將近有百分之十，已經是頻率非常高的問題。

過動（無法安靜下來）會隨著年齡改善，但注意力不集中和衝動傾向卻容易殘留到成人時期。近年來，大人也被認為有相當比率的人有ADHD或有這種傾向。這樣的人，被認為有無法收拾東西、非常健忘、無法守時等有要領地執行課題能力的問題，對工作或家事、養育兒女都無法妥善處理。

只是，近年來重新發現有養育環境等環境因素的影響。例如，有ADHD的孩子（大人也一樣）與母親的關係有不穩定的傾向。

根據調查疑似ADHD而去看診的孩子所做的研究，被診斷出有ADHD的七十七人當中，有高達七十二人與母親的依附關係不穩定，穩定關係的只有五個人。

在其中也發現，雖然ＡＤＨＤ的孩子，容易有依附關係不穩定的問題，但即使有ＡＤＨＤ的因素，只要能以同理心的方式養育，父母親意見一致的時候，行為上的問題也不會增加。

在夫妻共識的養育下，擁有ＡＤＨＤ因子的孩子與父母的關係毋寧是良好的。也就是說，容易有ＡＤＨＤ的孩子，就是好的影響和壞的影響都會表現強烈的敏感孩子。

實際上這類型的孩子，都很調皮搗蛋，但是有其天真爛漫、純粹、纖細的部分。然而，有時候這類型的孩子都會被當作是不聽話的「壞孩子」、「問題兒童」而受到斥責或壓抑。若是如此，親子關係就會不和諧，孩子越會去做壞事或是反抗，在心裡對自己抱持否定態度。他們和外表看來相反，其實是很容易受傷的孩子。

近年來，對於ＡＤＨＤ主要是由遺傳因素造成腦部發展障礙的看法，產生懷疑的聲浪高漲。相信在醫療第一線診療過許多孩子的人，從以前就可以感覺到，這個問題深受父母養育的影響。

然而實際上，有依附障礙、過動或攻擊等行為問題的案例，不但會被冠上ＡＤＨＤ或是「發展障礙」之類的症狀名，甚至會利用藥物來進行治療。直到不久前，還在使用利他能（Ritalin）這種藥物來治療，這是一種和毒品有類似作用的內服藥，現在因為副作用大已被禁用。

我曾經遇過一個令我印象深刻的案例。一位少女因毒品和賣春受到保護管束，現身的母親自己一個人一直說個沒完，說女兒有「發展障礙」，然後開始舉證。說她從小就不穩定、經常發呆、對人群感到強烈不安，但記憶力很強。她讀了發展障礙的書，認為女兒就是這樣的症狀沒有錯等等。

然而，再把事情看清楚一點，就會發現，母親自己從生下女兒到兩年後離婚前後，一直都處於不穩定的狀態，幾乎沒有過一個好好照顧孩子的時期。她一直在搬家，還曾經因為沒有地方住而搬到朋友家借住。母親始終都說很想死，且數度離家徹夜未歸。每次少女都以為母親可能已經死了，哭著到處尋找。

在這樣的狀況下，即使孩子的心情不穩定、發呆、無法跟其他孩子開心玩耍都是非常自然的反應。跟這種狀況的母親共同生活，要是還表現穩定的話那才是不正常吧。

我對她說，妳女兒的狀態與其說是「發展障礙」，不如說是因為環境的不安造成的因素比較大。為了讓女兒今後能安定，並且重新站起來，首先是母親自己要先安定下來，而不是按照媽媽的想法單方面地說教，要傾聽她說的話、了解她的心情。

一開始母親非常不認同，但是她當天起就對女兒的態度產生改變，女兒也隨之穩定了下來。

‧缺乏母性產生的病

年齡稍長來到青年期後，即使ＡＤＨＤ等問題早已出現，即使一直是好孩子、優等生，一切看起來都過得順利的情況，有母親病的人也會有新的危機等著。每個人在這個時期都會體驗到的認同危機，會變得更加劇。對自己是自己的認識有不足的感覺，很容易就對自己存在的本身感覺到不安與空虛。

那是從受到某種挫折或和所愛的人分離的傷痛體驗，開始惡化的。狀況過於嚴重者，就會演變成邊緣性人格障礙。

邊緣性人格障礙的特徵是心情在兩種極端之間擺盪，或是在人際關係上害怕被拋棄，或不斷重複自我否定、自殘等行為，近二十年來這些案例激增。

邊緣性人格障礙的人，由於對被拋棄這件事情極度敏感，會表現出死也要拚命抓住對方的樣子。追根究柢就是曾經有過被遺棄的傷痛體驗，而往回追溯，大多是幼年時期曾失去母愛或母愛被奪走造成的心靈傷痛。

像在反映似的，邊緣性人格障礙者幾乎都與母親關係不良，毫無例外地都顯示出不穩定的依附關係。其中約有九成以上是心裡的傷一直拖著的未解決型。對雙親的負面情感一直存在的被困型則占四分之三以上。再者，被視為未解決型／被困型兩者的，幾乎所有人都符合邊緣性人格障礙的特徵。

由於從小只形成不穩定的依附牽絆，因此與父母的離別或被拋棄的經驗等心靈傷痛累積下來，可以說就容易形成邊緣性人格障礙。

然而，這些人的母親有不少人都覺得自己跟孩子的關係並不差，也不記得自己虐待過孩子或忽略孩子的行為。

其實很多時候只是孩子在遷就母親，因為不希望被母親拋棄，孩子忍耐著不說出真心話，討好母親，說些母親愛聽的話。

由於沒有母親這個本來的安全基地，所以懷抱著心靈傷痛，很多人因而會去追求一個能夠做為安全基地的所在，或是為了轉移傷痛而尋求刺激。因為這種衝動的迫切性太大，所以經常還沒看清楚就去依賴對方、追求危險的刺激，主動破壞平穩的生活。如果沒有令他覺得緊張刺激的事情，就會覺得沒有活著的動力。因為只有熱中於某件事才能使他忘掉那種痛苦。

事情進展順利時，就可以藉著拚命朝向新目標努力來忘掉那份空虛感，當做出成果時自信心也提高，嘗到了充實的滋味。然而當進展不順或失去目標時，不安或未被滿足感和空虛感就會一下子變得強烈了起來。

母親原本應該是給予愛的一種存在，就算全世界都與你為敵，她也會相信你直到最後。母親理所當然的應該要像天上的太陽一樣，是照亮著你的人。這種理所當然就是所謂的生存，就是愛、就是相信，也是存在；是支持所有一切根源、理所當然的存在。

正因為如此，被母親以無條件的愛撫養長大的人，也能夠無條件地相信自己或這個世界，能夠感覺到這是理所當然的。雖然過著平凡的生活，會覺得心靈滿溢，感覺到幸福。

然而有母親病的人，無法無條件地相信自己或這個世界，就連自己應該是理所當然的存在，都覺得不安。

面對理所當然的生活，容易感到折磨、痛苦、空虛、沮喪。這是邊緣性人格障礙最顯著的特徵。

‧「我不要你」

菜帆（假名）的親生母親在她還不到兩歲時就和父親離婚，離開了家，在離去之前，婚姻生活早已瀕臨破滅。母親似乎對菜帆沒有太多的愛，菜帆對祖母或父親感覺較為親密。相信這也是母親丟下菜帆離開的原因。

小學一年級時，父親再婚，來了一位新媽媽。對菜帆非常疼愛，菜帆也對新媽媽很親暱，生活終於安穩了下來。

然而在她小學三年級時弟弟誕生了，菜帆感覺到繼母對她的態度從此突然變得冷淡。過去曾是家人焦點重心的菜帆，突然成了配角，不只是母親，連父親也變得只關心弟弟。

菜帆一開始為弟弟的誕生感到十分開心，經常幫忙照顧、做家事，也有心想討母親的歡心。

然而即使菜帆這麼做，母親卻也不再像從前那麼關注菜帆，一有什麼事，總是對著她說：「妳已經是姊姊了！」要她忍耐一點。

菜帆的行為出現問題就是從這時候開始。自己帶錢出去買東西吃、用反抗的口吻對母親說話，或是說謊的行為開始變得明顯等等。

雖說如此，問題還不至於嚴重，而且她並不是討厭母親。相反地，她的行為表現只是喜歡母親，希望她能多關心自己而已。

然而不知為什麼，她再也無法像以前那樣直接對著母親撒嬌，還故意採取一些讓母親感到焦慮的行為。

菜帆的行為開始變得令父母感到棘手的時候，父母親也開始經常吵架，母親有時候會歇斯底里地跑回娘家。她至今仍記得某次母親說的一句話。

菜帆發現母親慌慌張張換衣服似乎要出門的樣子，就想跟著她去。然而母親抱起年幼的弟弟，同時瞪了菜帆一眼說：「我才不要妳！」

從那個時候開始，菜帆才意識到自己終究不是母親的小孩。

母親出走後，父親倉皇失措，把怒氣發在菜帆身上，指責說都是因為她會折磨母親，母親才會離家出走的。於是，只要母親回來，就強迫菜帆向母親道歉，逼她答應會做個乖孩子。

但是這樣的約定一點都沒有效用，菜帆覺得連父親都拋棄自己了，沒有人會為自己著想。

雖然很想撒嬌，卻無法坦率地撒嬌，變得只會做一些讓大人感到焦慮的事，這種惡性模式一再循環，不只是對母親如此。

對學校老師或是朋友，明明一開始關係很好，但隨著交往的深入，也會漸漸變得關係緊張。

為什麼會這樣呢？菜帆認為都是對方的問題。原因是對對方太過期待，等她發現要求太多的是自己時，已經是交往很久以後的事了。

在小學、中學也是，同樣的事情一再重覆，最後被周遭的人孤立，不久之後就經常請假不上學。

彷彿對所有事都失去忍耐似的，只要有一點令人討厭的事，會馬上覺得自己辦不到。後來就幾乎都不上學了。

在不滿與憤怒和絕望中，菜帆一再重覆自殘的行為，而且還故意做給母親看。

中學畢業的時候，菜帆的安身之處是筆記本上詩的世界，或是手機網站或網路上的虛擬世界。

她和在手機網站上認識的幾個年長男性交往，和其中一位男性發展成遠距離戀愛關係；雖然約定以後要共同生活，卻還是跟身邊的其他幾位男性來往。

如果不是經常有人可以取代那個位置，就會感到不安。而教會她使用藥物的就是其中一個。

她開始出入教會。為人親切的牧師夫妻就像父母般聽她傾訴，請她吃飯。

有時候她會想，如果自己是這對夫妻的孩子該有多好。但是另一方面卻仍然仰賴藥物和男性關係。

有一天她缺錢買藥，便從這對照顧她的牧師夫妻那裡偷了錢。

∴

被拋棄的幼年傷痕

菜帆的狀況是邊緣性人格障礙合併藥物上癮症。邊緣性人格障礙容易合併進食障礙等各種上癮症狀，以及憂鬱和焦慮障礙、解離性障礙等。若以每一種根源的共同性來思考，就可以理解沒有什麼好不可思議的。因為無論哪一種案例，毫無例外地都為父母不穩定關係所困，或因此帶著傷害。

幼少期被拋棄或被虐的經驗，當這些狀況偶然間再次出現時，就會逐漸變得不穩定，這樣的案例很多。由於起因是在尚未有記憶時發生的事，導致容易受傷的敏感狀態，此時受的傷會使心裡的平衡崩潰。然而在許多案例中，本人及身邊的人其實都不知道發生了什麼事。

只是，這些孩子多數被視為是突然轉變。這種激烈、無法理解的行為，讓雙親也受到傷害，感到筋疲力盡。有不少父母親因此會認為自己是麻煩的「被害者」。

菜帆的母親認為自己儘管是繼母，卻努力做許多事情，但菜帆卻背叛了她的努力，傷害了自己。明明照顧她所花費的心力比自己的孩子還要多，那孩子卻糟蹋了自己這份心意。自己的心被這樣撕裂著，感覺已經無法再一起生活了。

另一方面，菜帆也覺得自己遭到背叛、被傷害的是自己。母親在弟弟出生後對她迅速冷淡下來，自己的期待也落空了。

但是，事情的原因不在菜帆或繼母身上，而是在已經離去的親生母親身上。菜帆甚至不記得她的母親，但這並不代表她的依附情感沒有受傷。從她對祖母比對母親更親近的這件事情來看，可以了解她和親生母親的依附關係。菜帆在不到兩歲與母親分離之前，依附的情感就已經不穩定了。

繼母在剛開始的一、兩年時間，很努力地去接受菜帆的心情，菜帆也對繼母十分親密。繼母應該也努力過，而菜帆也曾努力去討新媽媽歡心。在這件事情上，並非只有大人小心翼翼地在應對。

然而隨著弟弟的出生，菜帆再一次經歷母親被奪走的事件。可以想像這對菜帆的傷害有多大。

只是，假設弟弟沒有出生，是否就能平安無事地長大呢？也是一個問號。即使只有菜帆一個孩子，到了她青春期時，一定也會體會到說不出的苦澀與虛無感。這應該也會造成她和繼母關係的陰影吧。

當然，如果繼母能夠接受菜帆陰暗、受傷的部分，繼續給予她支持的話，菜帆之後的人生應該會不一樣吧！然而繼母期待的似乎是一個可以配合自己狀況的「好孩子」菜帆。

無論什麼事都想依附他人

有母親病的人，因為缺乏安全基地的關係，很容易就仰賴周邊唾手可得的慰藉。會用最直接、快速的方法尋求避風港。藉由暴飲暴食或是購物、依賴酒精或藥物這類東西，可以說都不是什麼稀奇的候補品。也有多數人會一再陷入人際關係的問題，或不穩定的感情中，藉著這些行為得到強烈的刺激或剎那的滿足，即使短暫也好，也想藉此忘掉不安的心情。

在酒精上癮或藥物上癮的人當中，有很高的比例顯示出不穩定的依附型態。當還是小孩的時候就顯示出不穩定依附模式的人，被認為在青年期較容易發生上癮的症狀。換言之，從小和母親關係不穩定的人，也是容易有上癮症的人。

我參與過幾百位年輕人的藥物上癮症治療，毫無例外的都有親子關係不穩定的現象，其中最明顯的問題是與母親的依附關係。

不只是對酒精或藥物等成癮性物質上癮，也有人會對賭博或購物、濫交、網路遊戲或聊天等行為上癮。

對食物上癮，也就是過食症，在缺乏愛的人身上經常可以看到。也有人會變成慣竊，對由此而產生的快感上癮。藥物上癮、過食、偷竊等行為會被當作是同樣的東西，也是因為來自同樣的根源。

容易對賭博或網路上癮的人，也被視為是因為依附關係不穩定、親子關係不諧調，或是關係冷淡的傾向。

會發生一些沉迷於網路而導致年幼孩童死亡的事件，也可以說是曾被忽略的父母親，為了追求依靠，產生新的忽略這種悲哀的惡性循環吧。

・・酗酒成癮的畫家尤特理羅

深愛著白色石灰牆，在巴黎街頭畫畫的畫家尤特理羅（Maurice Utrillo）也是有母親病的人。他的母親蘇珊・瓦拉東在生下他的時候才剛滿十八歲，而且孩子父親是誰都不確定。她做過女服務生和人體模特兒的工作，在生下尤特理羅前不久，才開始繪畫，後來也成了畫家。

蘇珊本來就不是個適合家庭的女性，為了開創自己的人生努力，所以根本沒有時間照顧兒子。在被忽略、毆打環境中長大的尤特理羅，有著強烈的不安全感，性格內向靦腆，在周圍人的霸凌中長大。

尤特理羅在開始上中學的時候嘗到酒精的滋味，便沉溺於此，為此數度住進精神病院。雖然以治療的一環開始繪畫，但酒精上癮的症狀不容易治癒，他始終生活在不是畫畫就是喝酒的生活模式當中。對沒有安全基地的尤特理羅來說，那是他唯一可以逃避的場所。

・・飲食障礙、慢性憂鬱、焦慮症

飲食障礙雖有過食症和厭食症，但無論何者都顯示出以依附型態不穩定的人居多，特別是和母親關係不穩定的案例居多。伴隨著自我誘發性嘔吐或重症狀況的人，這樣的傾向越是強烈。

此外，與父母關係不穩定的人容易患有憂鬱症或焦慮症。不只是兒童或年輕人的憂鬱、成年女性的憂鬱症，特別是持續的慢性憂鬱稱為精神抑鬱症（Dysthymia）類型的憂鬱症，是母子關係不穩定、一直帶著對父母的負面情感，容易出現被困型的依附型態。

另一方面，焦慮症也是如此，與母親關係不穩定也是一個風險要因。在一歲階段與母親依附關係不穩定的人，到十七歲的時期被認定有焦慮症的風險，是關係穩定者的三．七倍。特別是無法對母親直接撒嬌被稱為矛盾型的人容易有焦慮症。年僅一歲的時候與母親的關係即使相隔十六年，仍會以焦慮症的形式讓孩子受苦。

梨繪（假名）開始為慢性憂鬱和不安所苦，是在十八歲的時候。

母親的身體不太好，從小是被當嬌嬌女養大，在生下梨繪後身體狀況不佳，帶孩子的事都交由自己的母親或保母，經常臥病在床，可能還罹患了產後憂鬱症。

在梨繪懂事後，母親也是以自己的事為優先，母親的心情跟身體狀況決定了一切。父親也一切以母親的身體狀況為優先，對母親總是言聽計從。

母親是個神經質又有潔癖的人，只要梨繪打翻，或是弄髒東西，她就會發出歇斯底里的尖叫，做出抗拒的反應。

梨繪不記得自己曾經發自內心對母親撒過嬌，因為她總是在意母親會顯露出什麼樣的表情。

當她挑高眉毛，開始用高亢聲音說：「這孩子又來了……」的時候，梨繪就會慌慌張張地連忙向母親道歉。

成為「情緒波動」的源頭

近年來，隨著罹患憂鬱症的人增加，我們發現這其中其實並不單純是憂鬱症，而是伴隨著情緒波動，廣義來說符合躁鬱症的案例占半數之多。特別是從年輕時開始的憂鬱。有許多案例與其說是憂鬱症，不如說是躁鬱症(兩極性情緒病，又稱躁狂抑鬱症)。

小孩子的憂鬱也增加了。小孩的情況被診斷出不光是憂鬱，還有許多是伴隨著情緒波動的躁鬱症案例也在增加中。

從小就出現病症的躁鬱症，跟長大後才發生症狀的並不一樣，親子關係的影響可以說非常大。躁鬱症孩子的父母，對孩子欠缺溫暖與愛、親子缺乏親密感，會用吵架的口吻說話，有強烈使用懲罰的手段，讓孩子聽話的傾向，親子關係並不穩定。

此外，兒童的躁鬱症合併ＡＤＨＤ的案例也很多，這個根源也同樣來自不穩定的依附關係。可以想見症狀的發生就如同推骨牌，有它的因果關係與連續性。

‧在那些有氣無力的年輕繭居族背後

根據研究報告，近年來生活變得有氣無力、逃避挑戰，把自己的生活範圍與空間侷限在狹小世界，有逃避傾向的年輕人正在增加。像這類年輕人有不少是有母親病的。

這類人的母親有的是強烈的焦慮和上癮症狀，也有許多人是非常積極、努力的。只是，在那樣努力的情況下卻獲得相反的結果。那是因為母親的責任感和向上心太過強烈，以致超越了孩子的主體性。

典史(假名)是個快三十歲的年輕人，但是從國中時期他就不願意去上學，之後長大成人也沒有踏出過社會，一直過著近乎繭居的生活。

之所以不願意上學，並不是因為遭到霸凌的關係。因為本身有強烈的不安全感、內向怯懦，很怕在人前說話。從那個時候開始，他在上課時便無法順利回答問題，害怕在眾人面前失敗，演變成無法上學。

母親是個責任感強的人，自認為再怎麼辛苦也要盡到自己該盡的責任。所以她完全無法理解孩子為什麼不上學，並想盡辦法要他上學去。然而越是用強烈的手段，孩子就越是不動。

高中時期他以函授方式順利完成學業，典史稍稍找回一點自信，也希望能夠繼續上專門學校。

然而就在此時，讓他再次嘗到跌跤的滋味。他個人的意願是希望可以進影像技術專門學校，但母親卻對他的決定提出異議。

母親查詢了許多資料，勸他要往有更多就職機會的領域走。當話題談到畢業後找工作的問題時，也使得典史覺得不安，無法違抗母親、貫徹自己的想法。

然而，他對其他領域並不感興趣，結果專門學校只上了一年就沒有再去了。

母親對他再次半途而廢十分生氣，責怪了他，典史無法回嘴。這時的挫折感拖了很長一段時間，他再次回到繭居的生活。

也曾經多次想要去工作，但每次只要想到可能又會遭到失敗，就打退堂鼓。持續著一整天什麼事都不做地閒晃、有氣無力的。

迴避型的典型就像典史這樣，會害怕失敗。因為逃避挑戰，所以無法發揮自己真正的價值；太過小心翼翼，反而邁不開步伐，就這麼年紀越來越大卻無所作為。

慎重行事固然重要，但是豁出去放手一搏的勇氣，也是開創人生必須要有的。

迴避型年輕人的共同點，就是不常被父母稱讚，只有做不好的地方會被挑出來說。這類型的父母多半是認真、責任感強的人，比起怎麼做才開心或是什麼才是想要做的，更看重責任感和價值觀。

父母的存在過於巨大，干涉也過度，會使得孩子的主體性受到威脅。孩子們的行為不是出於自我的意願或意志，而是受到父母的意向支配，勉強自己去做而已。

當即使挑戰成功也不會獲得好評，只有失敗才會被追究時，挑戰就變成了一件很不划算的事。因為如果照自己的意志去做一件事，倘若之後失敗的話，不知道又會得到如何的評價。

為了避免遭到責罵，只好順應父母的意向，選擇不是自己希望的。

這樣的狀況從小開始一直持續，與其去挑戰不如不要勉強自己，以維持現狀為優先的態度，也會變成逃避責任，不自己做決定而全權交由他人的狀態。這麼一來，因為做的不是自己真正想做的，也就變得消極，失去了積極的意願。發生在典史身上的，就是這樣的狀況。

然而，即使被這樣的父母帶大，也有能夠貫徹自己意志的人。如果不是像典史這樣不安全感這麼強烈的人，或許能夠拒絕父母。

典史之所以會有這麼強烈的不安全感，背後還是因為母親的影響。

母親是責任感強的人，但是責任感和潔癖正是與母性的溫柔相反的東西。前文也提過，母性傾向強的話，潔癖或堅持這部分相對就較薄弱，會較寬容。這並不是價值觀的問題，而是生理結構就是如此。與母性或依附情感相關的催產素這種荷爾蒙，是擁有緩和潔癖、讓人變得寬大的作用。

實際上，一旦母性高漲，不僅會對自己的孩子溫柔，對任何孩子都容易有愛心，心也會變得穩定和寬容。母性，就是一種與考量得失或規則相反的特質。

然而相反地，如果在缺乏母性的狀態下，就會變得潔癖又完美主義，在意枝微末節，容易怪罪他人、愛批判、排外。或許也可以說是變得心胸狹窄。

以保護自己為優先，為利己而生的話，缺乏母性的狀態當然比較好。只要自己的事情都要完美地做好，會妨礙這件事的東西自然是要排除才安全，也是為了保護自己。

然而如此一來我們就無法生存，因此母性這種東西就進化了。為了養育孩子，即使自己多少有所損失、犧牲，還是希望能為孩子付出。但那本來就不是什麼痛苦的犧牲，而是快樂與幸福的泉源。

母性和那種非得要分個是非黑白的潔癖或完美主義，正好是相反的東西。換言之，母親太有潔癖、太追求完美，用充滿責任感的「非……不可」的想法思考的時候，就代表母性沒有順利運作。實際上眾所周知，有這樣性格傾向的母親，較有可能會虐待孩子。

典史的母親與其說是具母性的女性，不如說是理智型而不是情感型。一切的事物都是以應盡的責任而非快樂來衡量。不擅於體諒他人。雖然這完全是一般理論，但像典史這種屬於迴避依附型的人，大多都在嬰幼兒期缺乏母性的關愛。

有強烈焦慮傾向者也是以與母親依附關係不穩定的孩子居多，如果母親的反應又是非黑即白的兩極，就會更助長這樣的傾向。根據這些來判斷，典史焦慮的強度以及人際關係上的消極傾向本身，並非完全是與生俱來，其中應該有不少是反映出與母親的關係吧。

結果一直到典史懂事，在與母親的關係中習慣了不穩定依附型態，更進一步地被否定的支配所束縛，可以說主體意志和意願皆被層層封鎖。只是，我們不能忘記，母親並不是出於任何惡意，她也沒有自覺到對自己的兒子做了什麼。

第四章

不穩定型的母親

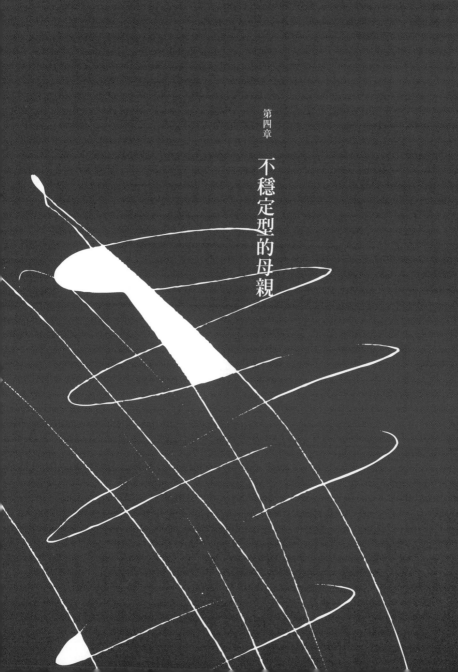

・・當母親也屬於不穩定依附型

為什麼母親無法和你建立起穩定的依附關係呢？母親應該也是期望一個穩定的關係才是吧。

辛辛苦苦把你生下來，第一次看到你的時候，應該也是對那小小的生命感到愛憐，想要好好珍惜你。

無論怎麼樣辛苦，都會為了孩子去克服，希望能夠建立起良好的關係。

但是卻事與願違，無法辦到。這是為什麼？

這種情形，在不少案例中都可以看到。那就是母親也屬於不穩定依附型。母親本身並沒有從她自己母親或父親身上（原生家庭）接收到穩定的愛，她也是在不幸的環境下成長。

即使是這樣的境遇，也有人可以通過試煉，培育出穩定的依附型態。因為他們將父母以外的人當作「安全基地」，獲得某個人的支持。

這和每個人身上具備的自我省思能力有關。能面對自己，藉由回顧自己，而不致落入陷阱之中。

然而反省能力也是需要有穩定依附情感才能培育出來的。在過於嚴酷的環境下成長，將帶來雙重的困難。

就算在某種程度上已成功克服、跨越，但在不穩定中成長的人身上，仍會殘留著傷痕或是尚未完全復原的傷。這些將會使得他的人生產生微妙的混亂，使他做出有害的抉擇，也成為他之所以脆弱的原因。

與人接觸的方式或愛人的方式，有時會在不知不覺當中產生偏差。在夫妻關係或養育子女這種連結的關係裡，這些微妙的偏差都將會顯露無遺。

更何況，在與父母的關係上受傷，帶著不穩定依附型時，會將不穩定的部分整個帶進夫妻關係或親子關係中。

在職場的關係上，那樣的特質有時會讓人變得過於果斷。當覺得討厭的時候可以斬斷關係，只要中止契約即可，不過往往可以成為開創新機的契機。

然而和配偶或子女的關係就不可能是如此了。因為家庭關係是以恆常性為前提，如此才會有安定的關係。

然而本身屬不穩定依附型的母親，一旦面對不愉快的事，即使對象是配偶或子女，也會產生抗拒，並且很難壓抑想要斬斷這些關係的心情。

這個過程在不知不覺間會腐蝕了關係。明明有某一段時期關係是非常好的，但是經過幾年後卻成了不穩定的、令人筋疲力竭的關係。

以年幼的孩子來看，不可能明白母親身上發生的狀況，只能相信母親並渴求母愛。然而母親的態度沒有恆常性，有時會一百八十度的轉變，於是孩子便無法安心地向母親撒嬌。不再向母親撒嬌，是因為就算撒嬌也不知道母親的態度什麼時候會轉為抗拒，因而內心變得惶恐不安。

‥宛如暴風雨的母親

當母親自己內心不安或感到痛苦，光是活著就已經費盡心力的情況下，孩子只能被迫生活在無法預測風雨何時來襲的不安日子裡。

以為每天可以開心笑、安穩地過，卻為了芝麻綠豆的事大吵，動輒吵到要死要活；如果孩子還目擊了暴力、身體受傷的狀況，就更無法承受，會被悲傷和恐懼壓倒，覺得無力而感到意志消沉。

當孩子對生活無法預測與處理時，會給孩子的心靈帶來深刻的傷痛。

即使發生同樣的狀況，只要能事先預想，並且知道該如何處理的話，傷害就會相對減少許多。如果事情並非如此且一再發生，孩子會覺得這個世界什麼時候會發生什麼事都不知道，就會學到在充滿威脅和危險的地方也只能束手投降被人操弄。

本來的安全基地，是在你遭到不安或困難時，只要回到母親身邊就能感到安心或得到支持的，但當情況完全相反時，在母親身邊只有剩下威脅和不安。

然而，即使如此，孩子也只能抓著父母。即便是那樣的母親，也想在她身上找到安心的支柱。

當孩子處在渴求母親、想要倚賴的心情，以及如果這麼做反而會遭到危險、感受到威脅的矛盾狀態中，便學會了行為和內心完全相反的狀態。漸漸變得無法坦率地表現自己。

就連理所當然的生存和生活，都要在危險與不安的日子中度過，於是養成了無論做什麼事都無法心安理得、快樂享受的習性。

隨心所欲的輕鬆生活變得困難，注意力一直被對方的臉色分散，最後變得自己到底要什麼都搞不清楚了。

就連應該是快樂滿足的時刻，也嘗不到快樂或幸福的感覺。因為下一刻很可能就會發生不好的事，一切都會毀掉的不安感揮之不去。

・「母親讓我覺得丟臉」

茉莉（假名）的母親精神狀況不穩定，現在正在住院治療中。

第一次住院的時候是在茉莉五歲的時候。

「她一面哭著一面說她想照顧我長大，但還是被醫護人員帶走。在夕陽西下的醫院裡，只聽見母親的叫喚聲，實在很悲傷。」

之後，母親不斷進出醫院，還曾經毆打護理師，並從醫院逃跑回家。

「母親那時候會做馬鈴薯燉肉給我吃，我好開心。」

母親回來當然很開心，但很快地狀況又惡化了，即使在家裡也會想要拿刀傷人。

但小時候她從不覺得奇怪，因為媽媽就是媽媽。

到了小學五年級，母親到學校教學參觀，結果在課程途中突然大叫了起來。

「開始覺得媽媽很丟臉！」

人生有一半以上的時間都在住院的母親，也有些地方像小孩一樣，見面只講自己的事情，信上也只寫自己的事。

茉莉嘆了一口氣說：「我真希望她能多寫一點我的事情。」

小學時代沒有得到良好的照顧，迫使茉莉經歷了許多痛苦。

沒有人幫她換掉髒衣服，也沒有人幫她好好地洗衣服。她開始被說「好臭」、「不要靠近我」等等的話語，並且遭到欺負。

和男生一照面，就會被瞪，被罵：「不要看我，被你一看我的臉都要爛了！」

就算去了學校也總是低著頭。

不知從什麼時候開始她變得經常請假。抑鬱的心情找到的出口，就是偷零食和漫畫。只有關在房間裡一面吃零食一面看偷來的漫畫時，心裡才有被填滿的感覺。

她在接受保護管束的時候，絕對不聽人說話，也不看別人的臉，只是不安地僵著身子，並一直重複同樣的動作，甚至被懷疑是不是有自閉症。

然而當她習慣了收容機構的生活後，彷彿變了一個人似的，非常有朝氣，也會積極地去與人交流，做自己應做的事，也有了自信。

她開始有了想要邁向新人生的想法，她下了一個重大決心，不回到父母身邊，而是要離開他們。

她寫信告訴母親這件事。母親對女兒想要離開自己感到驚慌失措，回信告訴她自己受到很大的打擊。

茉莉看了回信感到沮喪，並覺得自己傷害了母親。對於丟下母親只想自己往前走感到後悔。

想要自立的心情又退縮了回去，心想就照以往那樣就好了，於是開始產生放棄的心情。

後來母親又寄信來。上面寫著前一陣子因為無法接受她的想法而寫了那樣的信，但是後來仔細想想，覺得為了茉莉好還是有必要這麼做，也想替茉莉加油。

於是茉莉雖然再一次恢復積極向前的心情，但也重新體認到自己仍然受到母親的支配。

茉莉不太懂得撒嬌。在機構裡當她的指導員和其他孩子說話時，她就會吃醋，偷偷把那個孩子的東西扔到馬桶裡。

可是她卻無法坦率地對人撒嬌，明明自己很想這麼做，卻用反抗或暴力的方式來表現。

如果對方的反應比自己所期待的略微冷淡，就會開始變得自暴自棄，表現出自己反正就是討人厭的態度。

沒有得到穩定的愛，並在極度缺乏安全感的環境中長大的人，無法倚賴他人，或容易因太過渴求而遭到對方拒絕。

無論淪為哪一種，都無法好好建立穩定的關係。

即使他人一開始允許她倚靠，也處得很好，但隨著狀況的進步與改善，就會對她要求要學習忍耐，於是她便覺得自己遭到拒絕。那麼好不容易才培養的感情，就會突然變得不穩定，想要維繫關係而拚命掙扎，結果卻進一步撕裂了關係。

要修正從小開始的不穩定依附關係，並非易事。要能跨越這一步，也需要相當長的歲月。在充分了解這一點之後，更需要努力不懈的堅持與關心。

現在母親有憂鬱症、邊緣性人格等精神障礙的案例增加。我們發現，不穩定母親的影響，遠比過去我們所認知的還要深刻。

孩子被忽略、被不穩定的母親波及，不只是情緒面或行為上的問題，還會影響社會性及智能發展。就像茉莉的例子，若是來自他人的支援不夠充分的話，也有可能會變成發展障礙與容易混亂的心理狀態。像核心家庭和單親家庭一直在增加的現代社會，這種無法好好彌補的案例有增無減。

幸運的狀況是，如果能得到其他家人的支持，不好的影響雖然會小很多，但是心靈的傷痕絕對存在。特別是發生母親自殺那樣的結果，可以說是最糟糕的狀態。

‧‧珍芳達的母親病

兩度榮獲奧斯卡金像獎最佳女主角的女星珍芳達，她也有母親病。她為進食障礙和憂鬱症所苦，到了五十歲才克服。折磨她的是對沒有愛過她就過世的母親，那份受傷的思念。

珍芳達母親在她十二歲時自殺。聽到這個死訊時她卻怎麼也哭不出來。究竟發生了什麼事？對還是孩子的珍來說充滿了許多的不解。只是，年幼的珍也知道，照顧她的並非母親，她是由外婆一手帶大的。當她四歲弟弟出生時，便決定了她一生的孤寂。相隔兩個月後才回到家的母親，雖然帶著弟弟回來了，但是她卻清楚地感受到母親眼中沒有自己。

本來殷切盼望母親的她，卻無法對母親撒嬌，甚至連母親要抱她都頑固地抵抗。其實這就是渴求母親的訊號。

在這個時期，只要母親付出更多的關懷，之後的痛苦也許就會大大減少。

然而母親的關懷卻離女兒越來越遠，被拋棄的珍芳達開始想要扮演一個好孩子，藉由獲得周遭人的認可來取得平衡。她壓抑著自己的本意，磨練出一套可以取悅任何人的本事，變成一個受傷也沒有感覺的孩子。

然而，母親對她的不關心，是來自於不幸的婚姻生活，以及生產後的產後憂鬱症。父親亨利方達是著名的演員，經常不在家，而且始終有外遇。當雙方關係開始出現隔閡時，又被病魔追擊，產後除了身體不佳外，還接受了腎臟手術，曾經美麗的軀體，留下了看起來悽慘的手術疤痕。

她的父親對母親提出離婚，就是在這最糟糕的時候。母親彷彿連抵抗的力氣都沒有似的，接受了父親的要求。

母親給珍芳達看她身上的傷痕，就像在乞求憐憫似的。母親連變形的乳房都給她看。那是因隆乳失敗造成的。

還沒上小學的珍芳達只覺得母親可憐，但另一方面也覺得「我討厭這樣的人當我媽媽」、「如果是漂亮又有活力的媽媽就好了，這樣的話爸爸也會在家的，這都是媽媽害的」，她心裡這麼想。

父母離婚的傷痛，全都轉嫁到憎恨母親的傷痕上。

「我一定要成為一個擁有完美外在的女性」，就是在此時，珍芳達在內心產生了這樣的堅持。

母親的精神狀況，在這時候開始出問題，有躁鬱症的症狀。對於這樣的母親，珍就像是看待物品般視而不見。除此之外沒有任何方法可以不讓自己受傷。

母親進了療養院後病情一直不穩定。在珍芳達十二歲時的某一天，母親被允許由醫護人員陪同暫時回家。然而珍芳達卻在此時拒見母親，甚至還阻止開心想見母親的弟弟。為什麼她會拒絕見母親呢？這個反應就和珍芳達在母親產下弟弟離家兩個月後返家時的情況一模一樣。

其實這種類型的反應，被認為是「抵抗／矛盾型」的不穩定依附關係會有的典型反應。正因為渴求母親，所以抑制不了對拋棄自己母親的憤怒，於是自己主動拒絕母親。她用不見母親，來表達對母親沒有陪在自己身邊的憤怒。

這種悲憤，可以傳達多少給母親呢？

這也是藉由拒絕一個不完全的母親，來保護自己的心情吧！但是雖然頑強地拒絕母親，在心裡肯定還是希望母親可以主動抱抱自己，對她說聲對不起。如此一來她應該就能接納母親、原諒母親了。

然而，母親也覺得自己被拒絕，便不再勉強自己。事後想想，母親應該是想見孩子最後一面才來的，因為在那不久之後，母親留下了六封遺書，用剃刀切斷了喉嚨身亡。

從此珍芳達一直避免想起母親。而她的身心也開始起了異常的變化。即使她為空洞的虛無感和不明所以的罪惡感所苦，也不願意承認這些都是來自與母親的關係。

母親的死訊傳來時，弟弟在一旁哭泣，珍芳達卻哭不出來。

珍芳達在演藝的事業上非常成功，也遇到一位很好的伴侶，擁有世人稱羨的完美幸福。她想用這些來消除那些問題，但是這樣的嘗試並不成功。即使站在最高點，過著人們豔羨的生活，心底那個虛無和虛假的感覺卻只會變得更強烈。即便參加反戰活動、社會運動也拂拭不去。而且影響不僅於此，在自己養育子女的時候，也發現到自己無法愛自己的孩子。

・・

把自己的問題帶到孩子身上的母親

有不穩定依附的母親，也許帶著過去的傷痛、也許被困在與父母的對立之中，又或者藉著逃避受傷的過去，只為了勉強維持住安穩。

未解決型和被困型的母親，光是要保住自己就已經費盡心力了。如果再碰上被傷害或不愉快的事，情緒一下子就會滿溢出來。

因此，未解決型與被困型母親，容易把自己的問題帶給周遭的人。不只是配偶或情人會被牽連進去，連小孩也會被捲入。

無論是過去的事，或是現在發生的事，她們把被傷害的經驗都講給孩子聽。聽了這些話的孩子，會對那些傷害母親的人感到憤怒。

傷害母親的人，如果是沒有血緣關係的人，或許不致產生過於嚴重的傷害；然而若是親近的人，例如父親或是祖父母，愛父親或祖父母的孩子心就會遭到扭曲，完全無法再像以前那樣用坦率的心愛著父親或祖父母。

即使對方是外人，也並非就完全沒有傷害。孩子過去對那個人或許有更正面的看法，然而聽到母親述說的恩恩怨怨，就不會再對對方有好感了。聽了那些話，對本來還可以更自然相處的對象，就會抱著不信任感和敵意，再也無法敞開心扉。

如果對方原本就是個有問題的人，那也是沒辦法的事。即使說是被傷害，有時候其實是母親主觀的理解，或許對方並沒有任何惡意。母親把覺得受傷的感受述說後，心裡或許會覺得舒坦，之後跟對方還是可以開心地往來，但孩子看到這樣的情形只會更加混亂。

母親本身結束了暫時的情緒，但只有孩子對母親的想法仍忠誠，之後便一直對對方抱持不信任感。

最後只是被母親當成感情的宣洩口，而孩子代替了母親，一直被困在更強烈的負面情感中。

從母親口中聽到他人令人討厭的一面，或老是聽到不好聽的話的孩子，不只會對對方抱持否定的看法，還會深深植下對所有人或整個世界的嫌惡或否定的看法。

難聽話總是脫口而出，或是老愛批評他人的人，就容易產生這樣的弊害。要對孩子傾吐自己被傷害的經驗前，希望父母親能先想想，孩子聽了這些話後會對他的心靈產生什麼樣的影響。

・・像奴隸般順從父親的依附型母親

所謂母性，不只是溫柔或奉獻、心胸寬大，也具備了堅強。為了保護孩子，必須要堅強。而母親是否具備這樣的堅強，也會影響孩子的人格形成，如果欠缺這一點，會成為母親病的原因之一。

缺乏堅強母親的特徵，就是依賴他人、缺乏自主性，自己不做決定而用抱怨的方式來表現。

雖說是母親，卻不倚賴誰就活不下去，這種懦弱的生存方式，會使得孩子不認為人生必須靠自己去開創，而是烙印下把自己交給變幻莫測的命運，人生是不如意而且無法預測的態度。

在過去時代標準的女性類型，以夫唱婦隨為座右銘，凡事依靠丈夫，至今仍有典型。看著母親順從蠻橫的父親模樣長大的人其實不少。

若母親覺得這樣便是幸福，那麼傷害還算是小的，但一再擴大弊害的，則是一面順從丈夫，卻一面不斷向孩子抱怨的母親。

裕人（假名）的父親在一家金屬零件公司上班，母親雖然做短期的打工，但主要還是專職主婦。父親是勞動者，但有一副工匠氣質的頑固性格，一旦有什麼看不順眼的，就會立刻破口大罵或動手打人，而且還會發酒瘋，母親對這一點也感到無奈。

母親一方面訴說不滿，另一方面卻無法違逆自己的丈夫，一直對他言聽計從。聽她抱怨這些的就是兒子裕人，因此裕人對父親一直懷有愛恨交雜的複雜心情。特別是父親對母親動粗的時候，他更是對父親有強烈的憤怒和敵意。

母親總是感嘆父親的蠻橫，述說著自己的人生有多失敗、要是沒有你早就跟父親離婚等等，每次聽到這種話，他總是想，如果想離婚就趕快離一離不就好了。

可是母親嘴上雖然這麼說，卻沒有採取任何行動，對丈夫的態度仍然順從，然後再重複同樣的抱怨給裕人聽。

父親的專橫，也波及到裕人。學習才藝或社團活動、升學或就業時，母親就會仰賴父親的意見。

父親並沒有好好傾聽裕人的心情，就用自己的經驗判斷，並決定了所有的事情。裕人也不敢告訴父親自己的真心，只對母親訴說，但母親卻是一臉困擾，只說：「因為爸爸已經那樣說了！」擺出一副不希望違抗父親、惹他生氣的樣子。

裕人對此十分反感，雖然會嘔氣或是責問母親，但仍然無法違抗父親的意思，也缺乏強烈主張的自信。看著順從父親的母親長大，不知不覺間父親成為無法違抗的存在，形成了一旦違抗父親就會讓母親為難的思考模式。

想加入的社團跟理想志願的學校都進不了，即使如此他還是畢業了，並在一家有名的企業就職，工作非常認真。

只是，他不擅長表達自己的主張，會看對方的臉色去配合行事。對方要是露出困擾或嫌惡的表情，他就會敏感地察覺，而去優先配合對方。即使有困擾的事，也不說出來，只挑一些好的說。

然而就業幾年以來，工作上的要求他照單全收，但經常都是過勞。

要是上司或同事對他說：「拜託你想想辦法！」他就拒絕不了。

可以丟給別人做的事情也一樣，一看到別人好像很忙的樣子，就會想到自己能幫得上什麼忙。

從某個時點開始，對於上班這件事會覺得不舒服或心悸。身體表現得與意志完全相反，出現了抗拒的反應。只要一開始休假，就很難收假去上班。去精神科就診的裕人，被診斷出有抑鬱症狀並伴隨著焦慮症。

憂鬱症和焦慮症這種病，是累積了各種不同問題的最終結果，而真正的問題在於達到這個結果的過程。必須把這個過程解開，如果不能找出是從哪裡開始產生的，並且改變生活方式或想法的話，就無法真正解決問題。

然而最近的精神科診斷，症狀本身的診斷被視為是理所當然，並不關心症狀的背景與形成的過程。雖說是精神科醫生，卻已經變得不再是「心理」問題的專家了。

從裕人的案例可以看得出來，在憂鬱和不安的症狀出現前，他在想法和生活方式上已經有所偏差。當偏差越來越大，最後終於走到了無法保持平衡的狀態。

進一步來說，這個偏差的生活方式與思考模式，也有它產生的背景。為了要改善根本的問題，還是必須解開那個癥結所在，並加以修正。

產生偏差的背景最主要是來自父母的偏差影響。那並非只是父母的養育方式，和父母的生活方式也有關係。

孩子不會按照父母說的做，而是按照父母做的去做。裕人的情況常常容易被認為有問題的只有父親的專橫，但是裕人學到的生活範本是來自於母親的行為。

儘管裕人對母親的作法感到疑惑，但他卻學會了和母親一樣用壓抑自己的方式配合對方，並且是避免產生風波的生活模式。

那樣的行為不僅是在不知不覺間學會，也因為母親希望裕人這麼做。

母親不只自甘於那樣的生活方式，連想要違抗的兒子也都被她綑綁了起來，限制其活動。裕人因為愛母親所以就順從了母親的期望，雖然違反自己的意志，但因為這樣的行為是一再地重覆，他也變得只懂得這樣的方式。

不良影響之所以擴大，是因為裕人的母親一方面對父親不滿、對兒子表示感嘆，卻還是無法反抗父親。聽到這些事情時，不只會對母親產生不安和憐憫，更會因為對父親抱著不信任感和批判，結果無論對哪一方都沒能保住穩定的依附關係。也就是說，母親的行為以結果論來說，讓裕人與父母雙方的關係都遭到損害。

儘管是被動，但嘴上老說些否定話語，這類型的母親會讓孩子被困在否定的想法中。不僅容易感覺到壓力與不安，還會對周遭的人際也抱持負面的成見，變得無法與人好好溝通討論或是向他人求助。

裕人獨自一人抱著問題，不太懂得仰仗他人的這一點上，也是因母親一直灌輸給他的否定思考帶來的陰影。

∴「母親像朋友」的陷阱

有些母親會以跟孩子「像朋友一樣的關係」而自豪，似乎認為那是親子關係良好的表現。然而這樣的情形，往往容易發生的狀況是，孩子像擔任了保護者的角色，在配合著不成熟的母親。

也有些母親用彷彿是中學生的口吻對孩子傾訴，而孩子就像父母一樣予以傾聽。母親和孩子的角色在某種程度上對調了。而這一點只有母親自己沒有發現。認為孩子是可以無話不談，是可以諮商對象的母親，就連和父親離婚或已發展新關係種種，都會說給孩子聽。

孩子的內心在受傷的同時還要扮演大人的角色，去理解母親的心情，做出懂事的回應。孩子感覺到母親想要的答案，然後配合母親。

母親卻誤會孩子也跟自己一樣有同樣的期望，然而孩子卻只是因為理解母親的誘導式問法，而配合母親。

母親沒有發現她把自己的心情和孩子的心情混淆在一起。當母親說出自己想說的話、傾吐出感情，而孩子其實只是忍受。是母親在撒嬌，而孩子卻變得無法對母親撒嬌。

即使孩子在心裡覺得母親很「沉重」，但也因為愛母親所以忍耐著。然而總有一天孩子會感覺到再也無法配合下去。有一天他終會覺得，夠了。

到底要這樣陪伴母親到什麼時候？要支持她到什麼時候？這麼做的疲累和焦躁會讓他更進一步地感到憤怒。

當孩子出現抗拒母親或是反彈的反應時，母親卻覺得孩子突然產生了變化。母親會認為本來關係那麼好的，會急速改變一定是受到外來的不良影響。

然而，實際的原因只不過是因為過去的關係反了過來而已。孩子只是覺得自己已經無法再欺騙自己配合著母親如此而已。而也就意謂著他開始想要恢復原來的關係。

這毋寧說是一件很自然的事情，就是恢復的過程已經開始了。

然而以母親來說，還是會繼續追尋以前那個「好孩子」的幻影，並不想認同企圖脫離自己獨立自主的孩子。

於是有的孩子就屈服了，又回到配合母親的關係上。即使乍看似乎穩定下來了，但實際上只不過是往後退。

・日本藝術大師岡本太郎的母親病

以設計大阪萬國博覽會的象徵高塔「太陽之塔」聞名，在繪畫、雕刻、評論等領域表現傑出的藝術大師岡本太郎，也是一個有母親病的人。他與母親（作家岡本鹿乃子）的關係，以及與父親（漫畫家岡本一平）之間的關係，都是以母親為中心來運轉。

母親是一個如孩子般容易受傷、一直都擁有純粹靈魂的人。換句話說，她就是一個只看得見自己、只愛自己的人。把所有一切都奉獻給自己的文學，對於一個妻子或母親的責任毫不關心，非但不管丈夫與兒子願不願意，還要他們崇拜她，並且只要是為了她無論是什麼樣的犧牲都要歡喜甘願。父親甚至允許了母親和她的外科醫生情夫同居，還同意一起生活。

母親是一個完全不適合養兒育女的女性。在岡本太郎之後還生了兩個孩子，但一樣對他們完全沒有盡責，導致兩個孩子都在還不到兩歲的時候就夭折了。嚴格一點來說，或許母親對孩子的忽略也是縮短他們生命的原因之一吧。

正如岡本太郎所說，自己生來健壯，活了下來，但也因為是母親留下來唯一一個孩子，所以一直被像孩子般的母親耍得團團轉。岡本太郎回想到，「母親在我升上中學之後彷彿成了我的妹妹，對我撒嬌、倚賴，要對她放手讓我有一些為難。」

以「藝術就是爆炸」為口號的岡本太郎，一般人對他的印象，或許就是探索自己的自我愛，然後讓它炸開的藝術家。但實際上岡本太郎是個講義氣、很會照顧人、有自我犧牲的性格。

在母親病逝後，父親就像斷線的風箏，到了遲暮之年還和一個與母親完全不同的平凡女人再婚，並生下了四個孩子。在孩子們還在喝奶的時期，父親離開了人世，照顧他們一家生活的，就是岡本太郎。

那時岡本太郎剛從戰爭中歷劫歸來，為了照顧繼母和幾個異母弟妹的生活埋頭工作。一生沒有結婚，在四個弟妹都長大成人的時候，岡本太郎自己也步入了老年。

他一身為母親奉獻的性格，並因此驅使他為求解脫而邁向創造的行為；但是另一方面在私生活上，也可以說這樣的負面控制未曾從他的人生消失過。

第五章

只愛自己型的母親

白雪公主的悲劇

格林童話《白雪公主》中的母親，看著鏡子問：「這個世界上最美的人是誰？」有一天鏡子回答的是她女兒的名字「白雪公主」時，母親叫人將白雪公主丟棄在深林裡並殺了她，但卻失敗，後來親手拿了毒藥給她吃。

故事中的原始設定雖然是繼母，但就算是親生母親，這個故事在現代依然通用。在現在，白雪公主的悲劇仍頻繁地在普通的家庭中發生。

本來促使一個女人之所以成為母親的，是所謂的母性，而它是一種極度的自我犧牲。忍耐著如撕裂身體般的劇痛，將孩子生到這世上來，把自己的養分拿出來分給孩子，減少自己的睡眠不眠不休地照顧孩子。那是犧牲自己的生命和青春，把自己的一部分都給了孩子，和愛自己是完全相反的事。

然而只愛自己的母親，並不會想要減少自己的美或壽命分給自己的孩子，也不會為了徹底做好一個母親而不惜犧牲體型。

對於一個只愛自己的母親來說，孩子最多也不過就是洋娃娃罷了。只有自己想玩的時候陪他玩一下。

實在不願意犧牲自己的快樂，或讓想做的事情受到阻擾，也不想要餵奶餵到胸部下垂。

雖說是孩子，也不過就是人生樂趣的一部分，過著和孩子相依的生活，真的會無聊到受不了。

更不要說是陪著不斷哭泣的孩子，那不是像自己這麼優秀的人要做的事，努力了這麼久不是為了做這種事。像這種雜事，只要付錢請人幫忙做就可以了。

只愛自己的母親，永遠都希望自己閃閃發亮，雖說是自己的孩子，也絕不容許孩子可能耗掉自己所有青春和自我發展的可能性。

只愛自己的母親，與其當一個母親，更希望自己永遠是一個女人。只要是能夠讓自己更閃亮發光，她連孩子都可以拋棄。

只愛自己的母親，希望自己被讚美，希望自己是最棒的，就算是孩子也不能比自己幸福。更何況是為了孩子的幸福讓自己變得不幸，這是她絕對不能容許的事。

母親只愛自己，就等同於失去母性。對孩子來說，一個只愛自己的母親，只是強迫他把一個既是母親又不像母親的女性當作母親。那樣彷彿就像白雪公主或洋娃娃遊戲中的一個娃娃，一個悲哀的角色。

而孩子為了想要被愛所做的努力，有多麼的空虛。不只如此，連生命都會有危險。

約翰藍儂的妻子小野洋子出生富裕家庭，但是有錢不必然地會為孩子帶來幸福。

小野洋子的母親幾乎每天晚上都穿著美麗的禮服出席派對。有天晚上，好不容易等到母親的洋子，想上前抱住母親，母親卻撥開她的手說：「會弄髒我的禮服！」這樣的情景深深烙印在洋子的記憶裡。

從小就體會到被母親拋棄的心情，之後和母親的關係並不融洽。她曾試圖自殺，還被送入了精神病院，毫無疑問地這也是因為洋子有母親病的關係。

她後來和從精神病院把她救出來的美國男人（之後成為她的第二任丈夫）一同赴美，此時洋子的人生有了新的開展。

洋子雖然自己也有孩子，但她並不是一個好母親。不過由於有她的崇拜者同時也是她安全基地的丈夫支援，她後來成了一個前衛藝術家，並企圖更上一層樓地接近了約翰藍儂。

後來，洋子擄獲了約翰藍儂，約翰藍儂甚至為她拋棄妻子，她之所以能夠擁有如此神祕的魅力，或許是因她有母親病的關係。她肯定是經過努力慢慢將它克服，同時也因為約翰藍儂也是有母親病的人，兩人才能如此互相吸引吧。

・討厭養育子女

只愛自己的母親，最大的特徵就是討厭養育孩子。有人會坦承自己不喜歡孩子，也有人不願承認，但是一旦到了需要照顧的階段，就會覺得在照顧當中弄髒自己的手很麻煩。

一般人大多會因工作忙碌，把孩子託付給家人或保母，其中還有人會把孩子託給育幼院，或把孩子送給別人養。

當然，也有人認為，對自己來說有比養育小孩更重要的工作；更有人則只是想玩、想談戀愛，覺得孩子是個阻礙。

從社會觀點來看，前者應該會被認為很了不起，但對孩子來說，被丟下的這一點，也許是沒有什麼差別的。

因此，只愛自己的母親，就世人的眼光來看，以擁有了不起的頭銜，或是有豐富才能的成功組居多。

然而對孩子來說，一個能把所有時間和能量都用在孩子身上的母親，才是最棒的母親，至少在孩子生下來後的兩、三年，能全力照顧孩子。

女星小川真由美的女兒小川雅代，在她撰寫的回憶錄當中提到，母親對於養育子女並不關心，在與父親分開後，就把雅代託給叔叔和嬸嬸，偶爾才會回到女兒身邊。雖然也是因為工作忙碌的關係，但似乎和男朋友遊玩的時間是必須且重要的。

雅代認為叔叔嬸嬸才是自己的父母，對那位穿戴華麗、偶爾才出現的女性究竟是誰只是感到好奇。

如此一來和母親不親近也是合理的，因為彼此沒有培養依附的關係。依附關係是你養育他、疼愛他，才會培養的出來的。就算生活費是母親出的，也培育不出依附情感。

然而，就算是再怎麼沒有愛的母親，沒有被愛的孩子，還是會不斷地追求穩定的依附。

這樣的例子不勝枚舉。作曲家喬治・蓋希文（George Gershwin）也是一個為母親病所苦的人。

母親羅絲・蓋希文是美國第一批接受美容整形的人，因此就如同她的外在形象一般，她也是一個非常關注自己的女性。她是一個只為自己的美貌自傲，欠缺人性的溫暖和關懷的女性，照顧孩子和家裡的事情一概不做。還曾經公開表示：「我從來沒有穿過圍裙。」

蓋希文母親的最愛，除了她自己以外大概只有鑽石了。即使還是小學生的兒子懇求給他零錢看電影，她也拒絕。對無論如何都想看那部電影的小蓋希文，還為此上街行乞。

如同被母親拋棄的孩子中常見的類型，蓋希文成了問題兒童。打架和偷竊是稀鬆平常的事，不讀書，成績差，很有可能一失足，就成了黑道分子或罪犯也說不一定。

從這樣的危機當中拯救他的，是鋼琴。一個不良少年為鋼琴著迷，並且在努力學習後，琴藝非常高超。

經過短暫寄人籬下的生活，大約二十歲時所作的〈Swanee〉一曲大受歡迎，很快地成為有名的作曲家，同時開始賺進大把的鈔票。而母親在此時，則是把手伸進了兒子的荷包，想花多少就花多少。

而蓋希文也允許她這麼做，因為他完全被母親控制了。他一生沒有結婚也是因為母親不希望他結婚，當然，那是因為母親討厭自己可以拿到的那份錢會減少的關係。

蓋希文因腦瘤，在三十八歲時英年早逝，當時他母親連葬禮都沒有出席。即使喜歡被人所關愛，但要她為兒子做些什麼，這個母親卻完全不肯做。

把母親嫁出去的少女

在一個仍然寒冷的春日傍晚，一家柏青哥店裡突然傳出一聲尖叫聲：「殺人了！」店裡一陣騷動。一個還是高中生年紀的少女彷彿在逃難似的，嘴裡一邊說著一些語意不明的話語一邊奔跑。被店員制住的褐髮少女，隨即被員警帶回了警局。經過尿液檢測，呈現了毒品反應。

對少女來說如噩夢般的一天，是從一大早出門去便利商店時開始的。少女在店門口被一個中年男子搭訕，接受了他的邀約上了他的車。

到了飯店脫下衣服後，她發現男人的背是一片刺青。後來，男人取出針筒對她說：「這個很舒服，要不要打打看？」

中午前打了一次，過了中午後又打一次，打了毒品後兩人發生關係，興奮後感覺輕飄飄的。可是傍晚離開飯店到柏青哥店後，開始覺得四周的樣子變得奇怪……

柏青哥機台上跑出「我殺了你媽媽」這樣的跑馬燈，她感覺害怕了起來。等到回過神來，已經被帶上了警車。原來她是因急性毒品中毒，出現幻覺妄想症狀。

問她為什麼會跟那種男人走呢？少女露出悲慘的微笑。

「因為我很寂寞。」

寂寞的感覺是從小的時候就開始的。因為從小母親就有憂鬱症，對孩子有點放棄養育的意味。母親情緒起伏劇烈，曾發生一覺醒來，頭上有菜刀要砍下來的事。

想跟朋友一起玩來忘記孤單和寂寞，但和朋友交往也有很多狀況，她記得那時候還曾經以割腕的行為來排遣自身的寂寞。後來覺得除了增加傷痕之外一點意義都沒有，所以就停止了。

在她十四歲的時候，母親有了喜歡的人就改嫁了，留下她和高齡的祖父兩人相依為命。母親說要結婚的時候，她回答：「好啊，不用擔心我。」其實心裡很不高興，而且她也無法喜歡那個男人，覺得心裡好寂寞。

從那個時候起，她和母親之間就有了距離。她與母親的相處好像不是親生母親般，導致她對誰都無法說出真正的想法，也因此什麼都不再想。

勉強這樣做的結果是，在不知不覺當中，她所尋求的出口變成了一個更危險的地方。

不會反省自己的母親

為了自己的幸福，留下女兒自己出嫁的母親。把女兒說的「好，沒關係」當作是真的接受，而不去理解她真正的心情。

失去母愛的孩子就像餓著肚子的小狗一樣，不管是誰都願意親近，以致遭受無法挽回的傷害。

這樣的情景在現在的社會到處可見。

和子女培育不出穩定關係的母親還有一個特徵，就是缺乏反省能力。

那樣的母親只在乎自己的感覺和只重視自己的情況，對於孩子的感受和所處的狀況完全無法感同身受。

能夠回頭看自己，才會看見自己的自私和缺乏體諒的行為。不能了解對方感受的人，也不擅長反省自己。

回顧自己，和回顧他人的心情，在基本上是相連、互應的。

不懂得反省的話，就連自己有問題都不會發現，同時會做出強迫孩子配合自己的行為。孩子明明不喜歡，卻覺得自己做的事情都對。

孩子出了問題，就好像一切都是孩子的錯，對孩子說教。孩子無法忤逆，因為他還是希望父母愛他，因為他不想要傷害父母。

‧‧一直都是主角的母親

母性一向被比喻為海洋或大地，代表她是一個廣大的、可以包容什麼、支撐著什麼的存在。與其說她是主角，不如說她是不求回報的無名英雄。

只愛自己的母親的特徵是，自己一定非得是主角才可以。就算是自己的孩子，也不想讓出主角的寶座。並且會將本來應該是主角的孩子逼退，搶走那個寶座。

談到只愛自己型的母親和母親病，就不能不提可以稱得上是母親病始祖的一對母子——哲學家亞瑟‧叔本華（Arthur Schopenhauer）和他的母親約翰娜。叔本華以悲觀主義思想家聞名，他的悲觀思想就是源自於他為母親病所苦。

母親約翰娜是一個才華洋溢的女性，在丈夫死後，與歌德等文化界人士交情深厚，自己也成為了作家，在文壇表現亮眼。

像這樣的才女，會覺得養育孩子是很無聊的事情也不足為奇。約翰娜在後來回想自己人生階段時說，自己也曾像世上的年輕母親一樣，孩子對她來說是「新拿到的娃娃」，但是很快地對玩娃娃遊戲感到厭煩。

對約翰娜來說，剛生下來的兒子也不過就是個「新娃娃」，跟其他的娃娃一樣，很快地遭到厭煩的命運。

實際上約翰娜完全不理會養育孩子的事，卻對於社交玩樂和磨練自己的文筆十分熱中。由於丈夫是大她將近二十歲的實業家，而且只關心事業，兩人的生活變得沒有交集，因此更讓她失去對孩子的關心。

六歲的時候，叔本華已經感覺到自己被母親拋棄，陷入了深深的絕望之中。可是兒子情緒的不穩定，更被母親認定是她鬱悶的原因。

母親不但不給兒子關愛，還把兒子趕出家門。年幼的叔本華，被交給了遠方的友人照顧。

然而，叔本華在那裡的生活，卻遠比他沒有母愛的養育來得幸福。因為那裡充滿了家庭的溫暖之愛。叔本華曾表示，那是他人生中最幸福的時光。

回到老家後的叔本華，雖然已經是十二歲的青少年了，但是他不幸的生活卻再度展開。他繼承了父親的事業，被迫學習他不感興趣的事物，還必須要小心應對母親。為了逃避，他抓住的是哲學和東方思想。

雖然叔本華後來將母親視如蛇蠍，但在這個時候仍無法違逆母親。他從小就是個事事得看母親臉色的孩子。面對母親時候無法反抗。

這也是沒有被母親所愛的孩子常有的反應。正因為沒有被愛，才更渴求母親。然而母親對這樣的事不但漫不經心，更傷他的是，她對健康明顯衰退的父親，也是擺出一副毫無感情的態度。

於是悲劇發生了。四月的一個清晨，父親被發現死在倉庫後的水溝裡。雖然後來被當意外死亡處理了，但真正的原因卻是自殺。

之後約翰娜轉變得非常快，彷彿等待此時已久似的，將丈夫苦心經營的事業清算，離開了漢堡，移居到許多文化人生活的魏瑪，在那裡享受她的社交生活。

對於並不關心生意，勉為其難繼承父親事業的叔本華來說，母親的決定在某種意義上對他來說是好的。然而另一方面，性格忠實的他，看到母親如此毫無眷戀地對待父親一生建立起來的事業時，越發使得他不信任母親。

即便如此，叔本華依舊對母親唯唯諾諾，為了乞求母親的愛而討好母親。與這個猶豫不決的兒子相較，母親彷彿從桎梏中得到解放似的，欣然享受新的生活，自己也寫起小說，漸漸地成名了起來。

看到受肯定，周遭人對她吹捧至極的母親，叔本華的心反而更加消沉。每次前去探望母親，就跟他年幼時代一樣，總帶著被拋棄的心情離開了母親的住所。

終於忍耐到了極限。約翰娜開始跟一個年齡與兒子相仿的年輕情人同居了。努力想要跟母親和平相處的叔本華，多年來壓抑累積的怒氣終於爆發，他責問母親這樣做對死去的父親來說不覺得羞恥嗎？

從那個瞬間起，母親不再跟兒子說話，並告知會搬出那個家；還表示再也不會再跟他見面，也不會主動寫信、不會收信，也不會回信，等於宣告斷絕母子關係。

正如這些話所述說，這對母子未曾再見面。只有書信往來，而那一次還是落魄的母親寫來跟叔本華要錢的。

叔本華的悲劇哲學就是在這段與母親爭吵的時期產生的。他的哲學，在某種意義上來說是一個被母親拋棄、無法相信任何愛的人，要如何能不自殺也能活下去的自我體悟。

一直渴求母親的叔本華，深刻地體會到在母親的眼中沒有他這個兒子。然而在母親寫給他的最後一封信當中，卻把自己描述得像一個受害者。

她說：「你把我折磨得好痛苦。」

向只愛自己的母親渴求母愛，不僅不會獲得回應更無法獲得回報，孩子還可能被視為犯下大錯般無法饒恕，甚至還會被當作是阻礙母親幸福的惡行。

這絕對不是外國或過去才有的故事。現在在這個社會裡到處都發生著類似的悲劇——對自己著迷，永遠都希望自己閃閃發亮的母親，和覺得寂寞、單戀母親孩子的悲劇。

∴「與要求不符」的孩子

與孩子的情感羈絆，是平常在孩子身上投注溫暖關懷的眼神，或當孩子們有需求的時候，伸出溫柔雙手的觸感培育而成的。

無論用物質或其它的東西，都無法替代。

孩子對於母親有多麼認真地愛自己、有沒有重視自己，或者喜不喜歡都感受得出來。自己沒有被愛的事實，不只是心靈，身體也都能夠感受得到。

母親不對孩子表示出關心，有各式各樣的理由。例如明明想生的是男孩子，卻生了女孩的這種失落，也可能是母親之所以會如此的原因。

就算有這樣的原委，但在實際生下孩子之後，還是一樣為孩子著迷，這才是真正的母性。可是在愛自己更勝於母性的今日，那種不如自己期望的東西，就像是收到與自己要求不符的商品似的，不會有想要珍惜的心情。

產後憂鬱或丈夫的外遇，讓夫妻關係冷卻，這樣的事情也會損及母親對孩子的關心。對於無法忘懷自己在職場上發光發熱的女性而言，孩子就像是枷鎖，被束縛得無法外出的生活，感覺就像被關在監牢裡一樣。

這些惡性條件一個個全加在一起的狀況並不是少數的例子。於是母親那種意氣消沉、覺得煩躁的心情、陰霾的眼神，反而影響了孩子。

母親充滿愛的眼神，在看著孩子時，綻放著光芒，會用輕快愉悅的聲音對孩子說話。母親的愛，是和母親躍動的生命合為一體，沐浴在這個生命的呼吸與光輝之下，孩子會感受到自己被愛著。

但是再怎麼求都求不到那種溫暖的眼神與反應時，孩子就會被悲傷和憤怒所困，那種心靈創傷會長期一直跟著那孩子。

以《請君莫死》(君死にたまふこと勿れ)廣為人知的歌人與謝野晶子對她的母親來說，也是一個「與要求不符」的孩子。

她在出生前不久，曾有一個年幼的哥哥，因為燙傷而夭折了。燙傷發生的原因，是因為他們家經營一家日式糕餅店，母親忙於生意，因疏忽而發生意外事故。

對那孩子無法忘情的母親，在懷了晶子的時候，斬釘截鐵地認為是那孩子投胎轉生，滿心期待著一個男孩的誕生。

當生下來的孩子是女兒時，一家人都感到非常地失落。晶子就像是個礙眼的東西般被送出去給人寄養，換言之就是被拋棄了。

幸好寄養家庭的人非常疼愛她，可能也因此獲得到了彌補。被寄養到兩歲的時候，又被送回了自己的家，那已經是弟弟出生後的事了，而雙親的關心自然都落在弟弟身上。缺乏家人的愛和關懷，並且對自己不是男孩的這種失望，讓晶子比他人更加倍擁有強烈的自我主張，成為一個不讓鬚眉的女中豪傑。

她與一個有婦之夫的戀情，和等同於是私奔的婚姻，以及她的反戰歌曲等等，不斷地引發爭議的晶子，她的人生，等於是一個沒有被愛過的孩子，全然對父母親的社會價值觀所作的抗議和抵抗。

只疼愛她喜歡的玩偶

就如同前一個案例所顯示的，容易被視為是只愛自己的母親，還有一個很大的特徵，那就是對自己喜歡的孩子非常疼愛，但如果不是她的喜好類型，就算是自己的孩子，也會失去關心。即使同樣是自己的孩子，還是可以毫不在乎地偏心。

不被愛、不受寵愛的人，當然會覺得受傷，抱著不穩定依附關係走向艱困的人生；但是被溺愛、盲目寵愛的孩子，是否就能安安穩穩地成長呢？也不盡然是如此。

因為只愛自己的母親她愛孩子的方式，和能理解孩子的心、非常珍惜孩子的愛法有些不一樣。這麼做孩子並不會感到滿足安心，反而是被空虛感或無法面對自己的感覺給困住。對母親而言，孩子終究只是她所喜歡的玩偶，或是反映出對自己的讚賞、一個自己的小小分身而已。

孩子很本能地感受到母親愛裡的自私，雖然自己愛母親，但另一方面也能保持清醒的感覺，反過來利用母親的自私。而這只不過是反映出母親自私愛的性質而已。

以小說《情人》（*L'amant*）知名的法國作家瑪格麗特．莒哈絲（Marguerite Duras），也是一個一直與母親有著深刻糾葛的人。瑪格麗特有個哥哥，母親溺愛她的哥哥，卻對瑪格麗特毫不關心。

備受寵愛的哥哥，應該是在最滿溢的愛中成長，但卻不懂得控制自己的慾望，被養育成一個非常不穩定的人。沉溺於酒精和賭博，欠了一屁股債，並且不斷地引發問題。母親為了替他還債，不斷地變賣自己的財產，然而他卻一點也沒有學到教訓，一直重複著同樣的行為，最後終於連妹妹的錢都開始覬覦。

而不為母親所愛的瑪格麗特，一直都在否定自己，並且對愛充滿飢渴，為了填補心裡的缺口，從她還是女學生的時候起，就成了一個富裕中國青年的情婦，並持續談著不穩定的戀愛。

諷刺的是，哥哥的生活開始穩定，是在媽媽過世且與妹妹斷絕往來，已經沒有人可以再幫助他之後。從那個時候才開始自己努力工作養活自己，而那已經是他快要五十歲時候的事了。

愛自己的母親會疼愛的，大概都是缺乏自主性、言聽計從的孩子。反過來說，有獨立心、有骨氣的孩子就會被討厭。因此，被愛自己的母親所愛、寵溺的孩子，可能就會變得更沒出息。

對愛自己的母親而言，孩子就像寵物一樣，對她來說，有自己主張的寵物只會讓她覺得生氣，並且不值得去愛。

某個女性在家中養了數十隻狗，家裡全都是狗。因為要把小狗交給別人養覺得很可憐，所以一直養下去的結果，就變得非常多了。

然而，她卻對自己的兒子毫不關心，連吃飯都不幫他準備。兒子還小的時候，她也很熱中帶孩子，很溺愛孩子；但是當兒子不再完全聽命於她之後，她完全不再關心，不再照顧了。最後，兒子誤入歧途，進了少年感化院，她反而覺得真是太好了、解脫了，拒絕去領他出來。

只有按照母親的意思去做的人才可愛。

∴

「我是媽媽的玩偶」

母親一直當主角的悲劇，不只母親以自己的幸福為優先，把孩子當不要的玩偶丟棄，還有的母親把孩子綑綁在玩偶的位置上產生的悲劇。

衫子(假名)外表看起來就像個洋娃娃，捲捲的頭髮綁得漂漂亮亮的，看不出已經快四十歲了。然而她面無表情，也缺少霸氣，臉上顯露少女般的稚嫩和不太高興的樣子。

母親對這個高齡產下的女兒，捧在手掌心溺愛著養大。從小身邊的事情就由母親包辦。穿著母親選購的衣服，上母親選好的學校，一直都按著母親的安排生活。

母親的口頭禪就是：「這件事小杉做不到，太難了！」無論衫子想做什麼，都會覺得很危險，把她該做的事情都搶過去做。衫子在不知不覺當中也漸漸地覺得自己一個人什麼也做不成。

每天的生活都由母親管理、掌握一切。去哪裡？跟誰見面？什麼時候回來？自然不用說，連對話的內容都要檢查，為了不讓女兒說出不禮貌的話，還逐一給予意見。衫子一直仰賴母親的指導，也不覺得這樣有什麼不對，一直都按照母親的話做。

即使和現在的丈夫開始交往的時候也是如此，從選什麼衣服穿，到對方來邀約該怎麼回答諸如此類的問題，全都是母親在下指導棋。

結婚之後和母親同住，從做菜到家事一切都交給母親。雖然上過烹飪學校學做菜，但母親還是會說：「小衫妳不用做這些。」所以家事一概都不需要做。

開始覺得自己在依靠母親的同時，也一直被母親所控制，而這些都是最近才發覺到的事情。

然而，有一天母親突然昏倒，照了磁振造影（MRI）才發現腦部有萎縮現象，這樣下去遲早會有認知上的障礙。雖然直到最近她才發現母親發生了過去不曾有過的失敗，但從沒想過會是這樣的結果。這樣下去母親要是痴呆了該怎麼辦？自己一個人什麼都做不到，衫子從這時候開始被恐慌症所侵襲。

在面對自己不安的心情時，才重新得知自己過去其實是「母親的玩偶」。

在過度保護和溺愛的案例中，顯然應該是充分被愛的，但是當事人卻認定自己一個人什麼都做不了，容易產生自我否定且充滿無力感。愛自己的母親給的愛，並不是以孩子的需要為優先，而是以自己的滿足和安心為優先。為了讓孩子能夠繼續當自己的玩偶，對於從孩子身上奪走他的自立能力，也不覺得有什麼不好。

・・無法對孩子說不的母親

乍看之下是自我犧牲，與只愛自己的母親看起來是完全相反的奉獻型母親，然而有些只是改變了面貌的隱藏。本身不夠獨立的母親，由於無法活出自主性，於是對乖順聽話的孩子會沒有限度地寵愛，就像是得到某種替代性的滿足一樣。

充滿自戀的母親很容易被發現，那就是為奉獻而奉獻，因為那正是他們無視孩子真正的需求和自主性的表現。

例如，只要孩子想要的，就順從答應，這種行為就是典型的表現。因為她們沒有以長遠目光來考慮，會不會影響到孩子的心靈成長。她們不是把孩子看成是一個總有一天可能會獨立的人，而是當作一個疼愛的對象、看成是自己的玩偶。

他那麼想要，忍耐著不買太可憐了，所以想買給他讓他高興；只顧眼前的滿足，不說NO讓他忍耐，也無法控制分寸，只是沉溺於想要寵愛孩子的欲望當中。

某位女性一直生不出孩子，於是從兄弟姊妹那裡過繼了一個養子，百般寵愛他。然而一年後，她得知自己懷孕了。但她清楚感覺到的，不是懷了自己的孩子的喜悅，而是對養子感到抱歉的想法。這位女性即使有了自己的孩子，也是把親生孩子放在一邊，一如以往般疼愛養子。對他感到抱歉的罪惡感，讓她對養子的溺愛更進一步地加深。只要老大想要的東西，就算讓下面的孩子忍耐，也要買給他。

在這樣寵愛下長大的哥哥，到了二十五歲還從母親那裡拿零用錢，母親還買車給他，沒有一點想要獨立的樣子。被放著不管的弟弟，從來不跟母親撒嬌，很快地獨立自主，但對於家人的態度總是冷淡、見外。

從小就在母親無限度寵愛下長大的孩子，不會控制自己的欲望，被過度地保護與溺愛。想要的東西大人都會買給自己的人，會留下幼稚、不成熟的自戀，永遠都要倚賴父母。

如果母親可以滿足這些需求，那麼彼此的相處還算平和；但當無法滿足時，孩子不僅不懂得感謝母親的奉獻與犧牲，還會認為是母親把自己變成這樣的人卻不願負責，會感到憤怒，因而進而向母親攻擊的狀況並不少見。雖然為孩子犧牲自己，但卻在不覺間寵壞了孩子，導致與自己所想的完全相反的結果。

由於少子化和高齡生產的緣故，更容易溺愛孩子。因為只有一個孩子，而且是好不容易才有的孩子，過於寶貝很容易就會變成過度保護與照顧。母親本身有不穩定依附關係，或是過於焦慮的話，這種傾向就會更為顯著。

第六章

太認眞型的母親

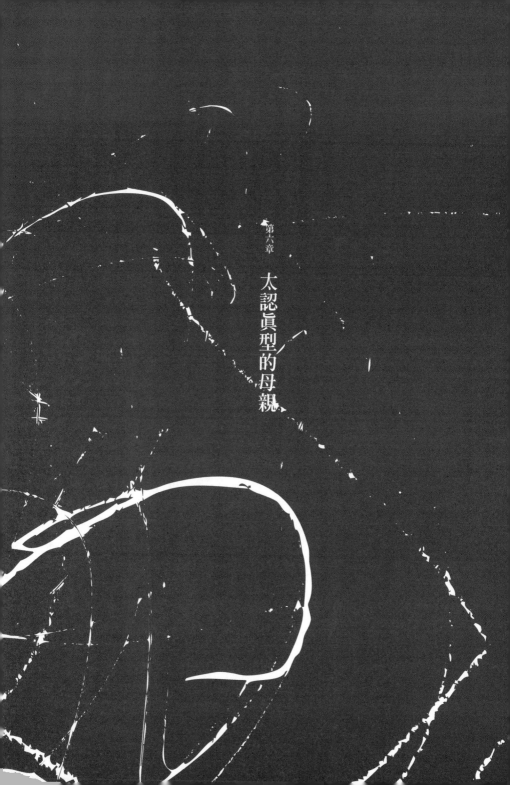

有潔癖、責任感強的母親

母性經常被比喻為海洋，是因為母親擁有能夠接受一切的寬容以及廣闊的胸懷，因而讓人聯想到海。

海洋是生命的源頭。生命誕生於此，也孕育於此，因為海洋提供了溫度適中、適當良好的環境。

子宮是孕育我們的海洋。也就是說，母性本來就是具備足夠的包容力。正因如此，才能忍受養育子女這種需要忍耐的工作，而且能感受到那種喜悅。

但是當母親成為折磨孩子的存在時，這樣的母性就已經變質。

心胸不夠寬廣或並非恰到好處時，會演變成潔癖或是極端性格，而綑綁住孩子、刺傷了孩子。它不會變成海洋，而是變成聳立的劍山一般，給孩子的不是安心而是嚴苛的要求。

用溫柔和愛包圍孩子，就算沒有任何言語，在孩子心中也會自然充滿力量。但在沒有充分發揮母性功能的母親身上，就會發生完全不同的事。

母親要求「正確的事」或「該做的事」，並闡述道理，給孩子打氣，好讓孩子展開行動。如果做不到的話，就會威脅說要拋棄他，責備他是讓母親痛苦的「壞孩子」，用這種方式支配孩子，要孩子按照自己的意思去做，並企圖要掌控孩子。

過於堅持所謂的責任或道理，或處處去尋求事情的原因、理由，要黑白分明。當太過執著時，會失去原有的母性，變得沒有彈性、與原本母性完全相反的東西。

即使你對孩子說的是正確的事情，結果卻變得像是在威脅孩子、打擊他的自信、削弱他的力量似的，那只不過是在他身上從現在到將來都一起刻下否定的字眼。

無論是奉獻自己的母親，或曾經努力去做一個母親，越是這樣的母親，孩子越是會違背你的想法。

・・赫曼赫賽的母親病

以《車輪下》等作品為人所知的諾貝爾文學獎得主赫曼赫賽（Hermann Hesse），從求學遭受挫折的青年時期開始，長期都為憂鬱症與企圖自殺的精神狀態所苦。赫賽也是一個有母親病的人。

赫賽的母親瑪莉自己有過一段嚴酷的孩提時代。瑪莉的雙親都是傳教士，從出生到三歲都在印度度過。雙親雖然短暫回到教團所在的瑞士，但是卻把瑪莉放在巴塞爾的育幼院後又回到印度。瑪莉努力想留住母親，卻怎麼做都沒有用。大人們總是把瑪莉拉開，用糖果來吸引她的注意力。

瑪莉當時的悲傷和憤怒，在她的筆記本裡是這麼寫的：

「我的內心感到瘋狂的憤怒。我覺得全世界都想欺騙我，父母也想甩開我……」

到十二歲為止都在育幼院裡度過，育幼院是個農場，雖然那裡的人溫柔體貼，也撫慰了瑪莉的心。後來她被送到由宗教團體所辦的女子學校，因規定嚴格，很快地就感到不適應，並且開始反抗，頻頻製造麻煩。結果她遭學校退學，於是十五歲的瑪莉出發前往父母所在的印度。

在漫長的航程中，瑪莉認識了一個青年，陷入熱戀，雖然分離時海誓山盟，但她卻再也沒有收到青年的信。不過，那位青年並非沒有遵守諾言，而是父親把他寄來的所有信都丟了。

相隔十年以上的時間再見到雙親，並沒有因此獲得父母的溫柔對待。只有強烈地要求她要對信仰奉獻與服從。

二十一歲時，瑪莉遇見一個傳教士，兩年後兩人結婚。在辛苦艱困的宣傳生活，瑪莉生了三個孩子，其中一個不幸夭折。生活在一間鐵皮屋頂的簡陋小屋裡，屋頂還曾被狂風吹走、小屋也曾被洪水沖走。四年後，丈夫因不明原因染上熱病，雖然想到德國去接受治療，但費盡艱辛抵達後，丈夫卻等不及，嚥下最後一口氣。

留下了瑪莉和兩個孩子。瑪莉當時二十八歲，這個時候，赫賽還沒有出生。

瑪莉遇到小她六歲的年輕傳教士約翰尼斯．赫賽時，是過了四年她三十一歲時的事。約翰尼斯為了恢復在印度傳教時衰弱的身體，才剛回到德國。

約翰尼斯自己也有一段艱辛的童年。親生的母親在他還不懂事時就過世了，第二個媽媽也很早就死了，他是在第三個媽媽養育下長大。可是到了青春期，他的叛逆和憂鬱變得強烈，被送到離家很遠的寄宿學校去，在那裡度過了他的年少青春，他求救於信仰，成為了一個傳教士。

雖然陰鬱，但認真又誠懇的約翰尼斯和瑪莉，在對於信仰的侍奉和服從這一點上，有著相同的想法。他們之間與其說是愛情，不如說像是一種義務，兩人便於翌年結婚了。

這對夫妻生下來的第二個孩子，就是赫曼赫賽。

從小赫曼赫賽就是個神經質、有強烈不安全感的孩子。脾氣一來就無法控制，瘋狂爆怒、經常惡作劇，每次都被強烈斥責，然後再求母親原諒。凡事嚴格、要求正確的雙親，完全無法理解自己孩子的行為舉止。只把他當成一個問題兒童看待。赫賽一再惡作劇，但他另一方面卻為強烈的罪惡感所苦。

父母在覺得照顧不來之下，把剛上小學的赫賽送進了教團的男童宿舍。在赫賽幼小的心靈裡感覺到因為自己是個壞孩子，所以才被逐出家門。

在宿舍的生活都沒有問題，因此也曾被領回家過。但一回到家，又故態復萌。這意味著什麼呢？應該除了雙親和赫賽的相處方式有問題之外，別無其他原因吧。

以現代觀點來看，赫賽不到發展障礙的程度，只是他的人格特質沒有獲得理解，還遭到否定、排斥所導致的行為偏差。

母親瑪莉在赫賽身上用的方法，很奇妙的是類似於她自己曾遭受的方式。瑪莉自己也與雙親被拆散，她似乎完全忘了自己曾在育幼院成長的滋味有多麼地悲傷或憤怒。

很不可思議的是，人類這種動物，會在不知不自覺當中將自己的體驗正當化，會做出與雙親同樣的行為，即使你不認同。

赫賽一方面讓人看見他早熟的才華。彈奏樂器、用纖細的筆觸繪畫、寫出完美的詩句。很會背誦，拉丁語的成績也很優秀。

然而，另一方面，他不遵從指令、做壞事，然後被強烈斥責，再哭著求原諒，這樣的過程不斷重複。惡作劇的程度卻越來越誇張，也偷過東西放過火，將平常的小事釀成大禍。

但是卻沒有人發現這一半的原因是因為他缺乏愛，受到雙親過於嚴格的對待。

只是，知道自己孩子成績優秀的雙親開始對赫賽有新的期待。那就是希望他能進入神學院，並當一個牧師。赫賽也為了回應這個期待在學業上努力，也進入了神學院，因為這意味著，可以獲得一直否定他的父母的肯定。

十三歲的赫賽成功考取，進入神學院就讀。赫賽在當時寫給的母親的信裡，開心地寫著學校和學習的一些事，但往往都只報喜不報憂。然而在他十四歲那年的三月，一個下著大雨的寒冷日子裡，赫賽卻從學校消失，行蹤不明。

在雨中徬徨了一夜，赫賽在第二天被警察找到。以為一切都很順利的雙親，在感到驚訝的同時，也感到憤慨。

瑪莉前去接這個不太會說話的孩子後，沒有帶他回家，直接把他帶去交給一個熟識的牧師。然而赫賽在那裡卻企圖用手槍自盡，顏面盡失的牧師爆怒說這小子只能送進精神病院。赫賽接受精神科醫師的診治，但是醫生卻說他還不至於到要進精神病院的程度，而是把他介紹到一家為智能障礙孩子所設的機構。

即使如此，對十四歲的赫賽來說，被送進這家由古堡改造、被城牆跟鐵窗包圍、像監獄一樣的機構，既恐怖、又絕望。十四歲的他，嘗到了跌入谷底的滋味。

即使如此，少年赫賽真的是一個那麼「壞」的孩子嗎？

彷彿所有的問題都在兒子身上似的，母親一味地憤怒、慨歎，但她絕對不會發現，把兒子逼到這種地步的，是她自己只能接受自己所認為正確事物的頑固和潔癖。

．．將自己的規則或價值觀強加在孩子身上

不安定的人，為了謀求自我的安定，經常會盲目倚賴信仰、迷信儀式或占卜。如果不過於執迷的話，害處還不大。但若讓它擴大成為生活的重心，把孩子也都牽扯進去的話，影響就不小。

為母親這種病而苦的人，很多都是母親十分仰賴信仰或迷信到偏執的地步。受母親擺布，導致不愉快、痛苦，有時還會嘗到一些可以稱得上是滑稽的體驗。

容易被困、走極端的性格，如前述，與催產素的作用也有關。催產素豐富的人，容易顯現出寬容、不被困住的性格；但是催產素貧乏的人，就容易變得嚴格、被規則綑綁、有潔癖。

赫賽的母親在嚴酷環境中長大，可以說是典型有催產素貧乏的傾向。赫賽之所以受傷，比起缺乏愛，受那偏狹又頑固的價值觀所操弄的部分也不少。

許多人都有一顆不安定的心，就如同越是依附關係不穩定的人，就越容易對藥物或酒精上癮一樣，也會向新興宗教或占卜等尋求救贖或安心。

原本與母親的關係淡薄且不穩定，又因為有新的精神支配或強加的價值觀，就會變得更加扭曲。你的身邊，這樣的例子應該也不少吧。

如前面雅代的案例也是如此。讓她後來更痛苦的是母親熱中於命理和風水，整個家庭生活都被捲入。要是算命師說綠色和紫色不吉利，那些顏色就會在生活中一概被排除。一開始雖說是被要求強制執行，但不久之後就變得真的討厭那個顏色了。

在其他一切的價值觀或行為上也是如此。就算一開始是不情願地被逼著這麼做，但在不知不覺當中也會被同化。母親這種病，就像浸潤在正常細胞裡的癌細胞一樣，早就分不清誰是誰，也無法切割清楚了。

青春期以後，會開始拒絕母親，就某種意義上可說，算是終於開始有正常的拒絕反應。

・・
無法接受頑皮孩子的母親

一個父親在一流企業工作，母親是營養師的高中女生，因吸毒被捕，被送到收容機構來。

她說她在應召站賣春賺錢來買毒品。這種一般家庭非常普通的女孩子身上，到底發生了什麼事？哥哥和姊姊都不曾誤入歧途，成長也都沒有問題，母親對教育孩子很熱心，很努力養育子女，也想建立起一個堅實的家庭。只有最小的女兒，不知道為什麼會發生這樣的事。

瑠美（假名）從小就和個性沉穩的兩個兄姊不同，有她頑皮的地方。小學時是會和男生混在一起打躲避球的活潑女孩。

好奇心旺盛的她，比起安安靜靜地坐著，更喜歡動態活動，是個不輸給男生的女生。這一點在母親看來是危險的，常常無意間就會警告她或是斥責她。

喜歡新事物、好奇心旺盛的傾向稱為「新奇性探求」，是與生俱來的個性。新奇性探求強的人，通常是好動且衝動的，被視為有注意力不集中的傾向；要是受到太過壓抑的教養，就會像前例一樣，ＡＤＨＤ等行為障礙就容易變得更加嚴重。

新奇性探求強的人，藥物上癮的風險也高。會因為好奇心、一時衝動而染上藥物。當與父母關係不佳、或有被父母否定的狀況，藥物就成了避難所，容易變得上癮。

新奇性探求強的人，就像瑠美這樣，被父母或老師視為是「傷腦筋的孩子」、「不聽話的孩子」，容易遭到否定。這會導致尋求用更危險的藥物或與危險人物的關係，來作為自己的避難所。當然，那不會是真正的避難所，而是地獄的入口。

然而，這個新奇性探求的傾向，本來是這類人的長處，在經歷過大遷徙的民族中，這類型的人比例很高。因為潛藏著在危機時代繼續存活的力量。只是為了要讓它往好的方向發揮，這個特性必須被理解、用肯定的態度接納才可以。於是孩子最希望的就是他的母親能夠理解。

然而現實是，在母親眼中所看到的，是「毛毛躁躁」、「不聽話」、「光做些壞事」的行為，因此容易遭到否定。

越是認真、有潔癖的母親，大多會越想辦法要讓這樣的孩子變成「好孩子」，會加以警告或斥責。

然而再怎麼警告都無效，因為那是他與生俱來的氣質，不會突然改變，所以也不是他本人加以注意就可以改善的問題。一直責備他反而會產生負面影響。

對於一直被否定會產生反感，而且會開始出現反抗或行為上的問題；而另一方面，也有不少人對自己抱持否定想法，憂鬱或不安全感會加深，而一再做出自殘的行為。雖然外表看起來活潑有朝氣，內心卻容易受傷。

新奇性探求強的類型，要是用共感、同理、肯定的方式來教養，他可以有很大的成長。在讓他發揮能力的同時，通常與父母的關係會比一般的親子關係來得好。但是否定的教養方式，就會冒出很多問題。對待的方式不同，孩子的表現差別非常大。

⁚

為什麼會沉迷於毒品

瑠美的案例，就是往壞的模式走的典型。

雖然老是被罵，但是到國中一年級時，讀書還算努力，鋼琴的練習也一直持續到小學六年級，上了國中也進入樂器社吹奏薩克斯風。

只是在進了國中之後，開始對母親採取反抗的態度，經常發生不愉快。在學校也是一樣，和老師及其他的學生之間的爭吵變得明顯。

就在國中二年級的秋天，瑠美突然不再上學。無論怎麼問她，她就是不肯說清楚，為了讓她去學校，母親想盡了辦法，結果還是行不通。來家訪的老師，瑠美連見都不想見。

真正的問題在哪裡呢？待詢問她後，她表示，因為老師警告她，還有跟同學的小爭執，很多事累積，就討厭再去學校了。

外表看起來雖然強勢，但內心卻有她容易受傷的一面，這些都已經超出了她能承受的極限，所以才會整個崩潰。

也有些人因為不上學，母親理解了孩子的苦，反而讓孩子和母親的情感羈絆更緊實。但瑠美的狀況是，母親非但不能理解她的心情，還因為她逃避討厭的事情，更加否定瑠美，兩人之間形成了很深的鴻溝。

她也不上母親推薦的全日制高中，而是上函授高中。

會選擇函授高中，是因她曾在學校的人際關係裡受挫、強烈意識到自己對人際關係並不擅長，跟其他學生的爭執造成的傷害，仍然沒有結束。這樣的選擇應該是很自然的事，但母親對此相當不滿，對瑠美也採任隨她自生自滅的態度。

然而可以說瑠美在某種意義上，已經從拒絕上學的重大傷害中確實地恢復了。她開始在家庭餐廳打工。這個時候如果是母親或家庭能發揮安全基地的功能，她或許也會往好的方向發展。

然而現實狀況是，她和母親處於斷絕狀態，父親一個人轉調外地工作不在家，其他的兄弟姊妹和她又是水火不容，全家四分五裂。

她謊報年齡開始去小酒館打工，雖然是因為時薪很高，卻也是因為她不想待在家裡。在這個地方新的世界展開。在那裡遇見的大人們也好、沉醉於酒精也好，這些對瑠美來說都是新的體驗，她找到了新的去處。

小酒館的老闆夫婦很疼她，瑠美覺得自己好像找到了真正的媽媽和爸爸似的。當母親發現她在小酒館工作，大吵大鬧地，瑠美卻完全無視。

不久，母女就變成完全斷絕的狀態，再也不說話了。瑠美雖然覺得被拋棄，但卻也覺得這樣沒什麼不好。

小酒館的打工工資雖然高，但為了想賺更多的錢去玩，於是朋友介紹她去做應召。就從這個時候開始，另一種異狀開始侵襲瑠美。她出現過度換氣的症狀，為了逃避這種無以名狀的不安，瑠美開始使用藥物。

藥物和酒精的量明顯增加了。才十七歲，有時候一個星期都無法脫離酒精。

在手機網站上認識的男人幫她注射毒品。吸食毒品這件事被小酒館的老闆夫婦發現，被說了一頓，他們當她像親生女兒一樣擔心，真心地勸誡她。雖然她也想戒除，可是她戒不掉。不知不覺間產生了被害妄想症，開始害怕幻覺。經家人通報後，瑠美被送去勒戒。

她來到機構之後，仍怨恨母親，抗拒母親的心態非常激烈。

好像要一律統一標準似的，她對任何事情一直都是採負面且消極的態度。

父母只會一再否定她，這使得她自己也只會說些否定的話。從她嘴裡說出來的全都是不滿和討厭的事。只要有一點點不合她意，就會馬上變臉，露出不悅的神色。

沉溺於藥物，對減輕藥物做出頑強的抵抗。

一到夜晚想起家人，全都是令人覺得討厭的事，從不記得曾被稱讚過，總是喋喋不休、永遠在找碴、只會講些否定的話。每次一講到煩人的母親，她就會說「已經受夠了」、「想斷絕關係」。

母親對瑠美做的事感到非常震驚，變得更無法接受瑠美。況且，瑠美的態度完全看不出反省的樣子，讓她感到十分焦躁。每次來探視，母親就是一味地指責瑠美、對她說教。就算瑠美想說說自己的心情和想法，也只會說「不是這樣的」，母親一句話也不肯聽。

對母親來說，她只看見瑠美犯罪的這個結果。她一點也不認為這當中反映出的是從小母親和瑠美的關係，或是母親一直對瑠美所做的事情、所說的話。

我見過許多邊緣性人格障礙或藥物上癮者的母親。她們都有一個共同的特徵。那就是她們大多不太懂得察覺與理解他人的心情。

有母親本身情緒不穩定且衝動、陰晴不定的；也有冷靜、穩定、乍看之下沒有什麼問題的案例。只是，無論哪一種都符合不太懂得去理解孩子的心情，不太懂得站在孩子立場考慮他的心情並與孩子溝通、交流的傾向。

光憑表面上的言行舉止來看待，無法感受到這些言行舉止背後的心情。只關心表面上的事實或結果，用責任與價值觀來考量。結果只會注意到沒有做好的事情和缺點。

對這種類型的母親，如果有什麼困擾找她商量，非但得不到有效的幫助，這個困擾本身還會受到責怪或是貶抑。困擾本身也會變成是努力不足，是一件壞事。

孩子變得不敢講自己不好，有什麼不好的事情或是困擾，就會設法自己處理。結果孩子不是變成「好孩子」對母親言聽計從，就是會變成「壞孩子」只懂得反抗。不論是哪一種都免不了傷害。

．．努力的母親容易發生的悲劇

但是，母親本身有共感、同理心也有愛，和孩子的關係不佳的案例卻增加的原因是為什麼？很拚命努力地做一個母親該做的事，可是孩子卻有無處發洩的不滿與憤怒，關係變得不融洽，每每都會反抗，這樣的狀況也時有所聞。

從母親的觀點來看，以往的努力應該要被感謝，不應該被責備才是；但是現實中孩子在心底深處對母親的不信任或不滿一直在累積。

為什麼會發生這樣的事呢？

這樣的案例產生的背景之一，是從孩子小的時候，母親就一直在工作。不到三歲，特別是將不到一歲的孩子就送到托兒所托育，對於之後的母子關係或孩子的發展會產生影響，這是許多人都知道的事情。

歐美的研究中，越是從小就長期接受託育的孩子，將來就越容易對母親有攻擊行為、注意力散漫、無法專注於課業，與母親的依附關係也容易變得不穩定。此外，長期放在托兒所的孩子，有逃避與他人親密接觸的傾向。

只不過，並不是對所有的孩子都會產生不好的影響。大約有三分之一的孩子不太容易受影響。然而，較敏感、不安的遺傳型孩子就容易產生不良的影響，還是避免太早與母親長時間分開生活比較保險。

瑤子（假名）的母親從事專業的工作。當時在六個星期的產假結束後，她就把瑤子託給職場的托育中心回到職場工作。餵奶的時間就停止工作，急急忙忙去餵母奶，再慌慌張張回去工作。那可不是普通的忙亂，對同事也覺得抱歉，結果只餵了三個月的母奶就不得不中斷。

瑤子很神經質，常在托育中心哭，在家也常夜啼讓母親很困擾。從三歲開始上幼兒園起也是，每次都不想跟母親分開，難分難捨，母親不只一兩次一面聽著自己孩子的哭喊聲，一面逃也似地離開。

小學到低年級為止，都算是穩重懂事的孩子，但是到了青春期後變活潑起來，跟朋友的來往也增加了。

只是，從這個時候起，只要一有什麼事發生就會開始對母親有強烈的反彈。

覺得過了青春期之後，就會比較好，但是不融洽的關係到她長大後一點都沒有變好，只是更糟。因為懷抱著強烈不安，所以雖然向母親徵求意見，但母親的回答一旦跟她的期待有所不同，她就會馬上表現得很不高興。有一點衝突，就踹門、罵難聽話，這些事屢屢發生。

母親不知道該怎麼應對才好，覺得跟女兒相處起來總像是走在地雷區。然而其實瑤子也是如此。

只要一跟母親說話，心情就不穩定，總是焦慮。母親的每一句話都讓她一肚子火，雖然也曾努力想要好好相處，但不知道為什麼就是很不順利，一旦狀況變成那樣，就無法忍耐。

不管在學生時代或在職場都是，瑤子的人際關係好惡分明，一旦開始覺得討厭，就無法再接受。

因此，瑤子結婚的時候母親可以說是鬆了一口氣，覺得肩頭上的重擔可以放下來了。婚姻生活看起來很甜蜜，第二年生了一個孩子，雙親更感到高興。可是，之後還不到兩年，瑤子離婚了，帶著孩子一起回到娘家。瑤子和母親的關係比以前更不融洽了。

像瑤子與母親這樣，不知道為什麼關係就是處不好，過去多半都用一句「個性不合」或是「合不來」就算了。

然而這並不是「個性」兩字就能說得通的問題。會這麼說，是因為瑤子她不穩定的人際關係，並不僅限於母親，也及於朋友和職場，甚至已經分手的前夫。

未來，瑤子和自己孩子的關係也有可能會有不融洽的疑慮。因為瑤子當自己焦慮時把壓力丟到孩子身上的情況也會變多。

究竟發生了什麼事？惡性循環的原因究竟在哪裡？

我們認為，是在小時候沒有培育出與母親之間穩定的依附關係，一直帶著不穩定的依附型態長大，會成為不幸的連鎖根源。

依附的穩定性，是以在幼年時期與母親關係的建立。一旦獲得穩定依附關係的孩子，無論對任何人都容易產生穩定的關係。然而與母親的依附關係不穩定的話，之後整體的人際關係來說，比較不容易好好相處。

即使一開始很理想化地認為對方會完全理解自己，但一旦出現期待落空的狀況，就會突然覺得討厭，無法再忍耐。

瑤子的情形是，本身敏感不安的特質，由於很早就托育給幼兒園，在沒有跟母親培育出穩定依附關係就結束了幼兒期。這使得她後來不只是跟母親容易發生齟齬，跟其他人的關係也容易有衝突。

長大成人後的依附型態是否穩定，與幼年時期跟母親之間的依附關係是否穩定，約有八成的人這兩者是一致的。甚至，已經確立的依附型態，即使在結婚後、中年時期，還是有七成的人顯示出同一種類型。所以年幼時期和母親間培育出的穩定依附關係，會影響到一生的人際關係。

瑤子容易在人際關係中感到焦慮或不滿，以及在最初的婚姻以失敗告終都是一樣，至少有一部分起因於年幼時期與母親的不穩定關係，這真是悲劇啊。而幾乎還沒有人發現這個悲劇的原因。

在某種意義上，瑤子其實很早就發出了訊號。孩子感到寂寞或缺少愛，通常會運用各種形式來訴說。若是不想去幼兒園，就算最初的一個月左右天天都在哭也不算有什麼問題，要是哭上三個月或半年，孩子就是在做重大的控訴了。

然而就結果來說，比起反省瑤子身上發生的問題，大人還是以大人的狀況為優先。

要知道，其實還有許多不像瑤子這樣很早就發出訊號的孩子。

・・越會忍耐的孩子長大之後越複雜

芙由美（假名）的狀況就是這樣的案例。芙由美的母親也是在產假結束後，把她託給祖母，重新回到職場。因此很早就換喝牛奶，但是芙由美跟祖母很親近，所以母親也能夠安心地工作。

之後又生了一個妹妹，母親就更加忙不過來了。芙由美很懂事，和愛撒嬌又頑皮的妹妹相較，是個不太需要照顧的孩子。父母於是很安心，覺得這孩子沒有問題。

上了小學後，成績優秀，一直都是優等生，幾乎沒有什麼問題。然而進了高中，成績一直沒有進步的時候，狀況開始起變化。她會在三更半夜起床把冰箱裡的東西全吃光，再到廁所去吐。

母親警告她之後，她就開始大聲哭喊、驚慌失措。跟以往的「好孩子」芙由美簡直判若兩人。

母親搞不清楚究竟發生了什麼事，覺得束手無策；但芙由美卻有種說不出的空虛感，而一再地割腕，做出傷害自己的行為。

很快地，發生了對母親來說宛如晴天霹靂的事情。某天，母親接到警察打來的電話，通知她芙由美因偷竊而被抓。母親嚇得腿都軟了。

母親去警局保她出來，一再地道歉，帶著她一回到家，壓抑的怒氣全湧上。母親覺得自己顏面無光，極端憤怒。芙由美隨即從家中飛奔而出，企圖衝進平交道。

就在千鈞一髮的時刻被人拉住，未釀成大禍，她以醫療保護的方式住進精神病院，被診斷出的病名是：邊緣性人格障礙與進食障礙。

強烈的自我否定與空虛感，抱著想死的心情，幾乎可以說一定都有跟母親關係不融洽的特徵。

雖然想撒嬌卻不懂得撒嬌，可能會把那樣的心情丟到母親身上，或是以做壞事的形式表現。以母親來說，明明一路順利長大的孩子，完全不能理解孩子為什麼要自己把自己毀掉。

靠著自己的努力獲得應有成果的母親，更是無法理解孩子的行為。她不會思考這其中原因有不少的部分，是跟幼年期的關愛方式有關。

一路順遂的芙由美，為什麼會失去心裡的平衡呢？她為什麼會對於吃飯、活著這種理所當然的事情感到奇怪，為什麼演變到被想死的心情困住呢？

其實芙由美自己一直對於活著這件事有種異樣的感覺而且不能安心。然而她壓抑了這樣的心情，表現出周圍人所期待「好孩子」形象。

努力讀書、得到好成績，藉由讓自己的價值得到肯定，才能維持住心裡的平衡。她知道這是父母的期待，回應這個期待也等於是可以得到母親的認可。但是，當這條路走不通的時候，會突然失去支撐自己的力量。

以某種意義來說，芙由美在忍耐和能力這一面很優秀，可以說反而因此讓她能忍耐到不能再忍，才使得問題變得更嚴重。

如果像瑤子的案例那樣，很早就出現問題讓母親傷腦筋，也有可能不會演變到生病的地步。一直都是優等生的人，會到消耗殆盡才使問題浮出表面，因此落差就會更大。

這幾十年來隨著女性參與社會、加入職場，獨立自主的女性可以說一直在增加。伴隨著這一點而來的是，母親的樣貌也起了很大的變化。這樣的狀態或許有我們過去所不知道的陷阱，已經準備好在那裡等著我們。

靠自己的努力開創人生的母親，容易對周遭人有同樣嚴格的要求。當然對孩子也是如此，會以更高的標準來要求。

本來這樣的角色是由父親來完成。然而在父親忙於工作無法指導孩子，或者因離婚所以沒有在身邊，母親就不得不扮演這樣的角色。

堅強獨立的母親，雖然某部分會讓孩子感到安心，但是那分堅強、銳利的箭頭若是朝向自己，就會威脅到孩子的安全感和主體性。本來應該是安全基地、保護自己的母親，逐漸變得不再感到安心、安全。母親不像是母親，連父親的角色都必須扮演，讓孩子也感到矛盾。這樣的情景在一般家庭裡也很常見。

第七章

克服母親病

從沒有自覺的地方開始

「母親這種病」最初是從沒有自覺症狀的階段開始的。

無論什麼樣的母親，對孩子來說都是重要的存在，絕對是獨一無二的。孩子會毫無懷疑地接受、去愛，也想要被愛。

無論是什麼樣的母親，對孩子來說都是像太陽、像神一樣的存在。母親說的話和態度、想法、行為，都會深深刻印在還是一張白紙的孩子心裡，這些全都會在孩子懵懂時期無自覺地養成。

在沒有人察覺的時候，人格發展的偏差已經埋下了根。這樣的偏差形成了這個人世界的主軸。

開始察覺，往往是已經過了很久以後的事了。而這個偏差與現實世界的不合，大多是在青春期或青年期開始。

偏差太大的狀況，有時候會在上小學前就出現問題。然而那也是像被上緊發條的玩具般，在不知情的情況下行動而已，完全不可能知道自己究竟發生了什麼事。

與母親之間沒有連結穩定的依附關係，容易在小時候發生過動、情緒不穩定、做些令大人感到為難的行為、做出反抗行為等問題。

然而，並非一切責任都在母親身上。不過母親需要自覺到自己依附型態的偏頗，也要有自己的依附型態也是來自於父母的認知。

此外，跟孩子與生俱來的個性也有關係。恰巧那個孩子有容易引發過動或情緒不穩定的遺傳基因，同時與不太喜歡的關愛方式重疊在一起時，問題才容易變得嚴重。

這種行為上的問題，有許多人在年紀稍長後會暫時穩定下來。而孩子也會在成長過程中學習到適應自己狀況的方法。

然而，這樣的成長又會衍生出新的痛苦。過去顯露於外在行為上的扭曲，現在都必須隱藏在內心裡。

到了青春期、青年期的時候，雖然表面上可以裝得像好孩子或優等生的樣子，但是心裡面有些不太對勁的狀況已經開始累積了。

與人相處時沒辦法放鬆，因自尊和現實的落差感產生自我嫌惡，對於自我的存在、活著，無法確實感覺到價值與意義。此外還有知道自己缺乏自信，卻又表現得傲慢，同時扮演著貶抑自己的小丑。所以當應付不了自己、應付不了生活、不知道自己想要什麼時，對他來說，一切都會變得不對勁。

這就是母親病所謂的第二樂章，還是有很多人是沒有自覺的。

面對這樣的狀況，很多人的理解是青春期的孩子就是如此，這就是自我認同與自我追尋的開始之類的。

當然也有這樣的一面。每個人都會有迎向成人、想要獨立的階段，只是，對於有母親病的人來說，這是一條困難、危險的漫漫長路。即便青年期結束了，也仍然會帶著未解決的課題。

然而誰也不會發現，這是因為母親這種病。也有人是帶著母親這種病毫無自覺地進入中年期、熟年期。

當一個人自覺到有母親病的時候，就代表這個人已經進入了下一段的第三樂章。母親病的自覺，也等同於新的痛苦的開始，而這也是復原的第一步。

領悟到自己的偏差，是來自母親的偏差或是來自與母親關係的這一點，是要從母親病中復原不可欠缺的階段。如果說現在就是當時那個時點的話，現在嘗到的各種苦或產生的混亂想法，都是必要的。

無論它是來得早或是晚，真正的意義是為了讓青年期結束、達到心理上的獨立，必須從自己的內心去面對母親這種病。

・・感覺奇怪就是踏出了第一步

在沒有察覺的時候，即使有什麼不妥的感覺，也會因為自己爸媽就是這個樣子，會不加質疑地全盤接受。

每天在混濁發臭的空氣中聞久了，也不會覺得有什麼特別的。如果是從小就呼吸這樣的空氣，更能習慣如此。

然而到了青年期，開始進入社會、吸收外在空氣之後，才會發現自家空氣的「臭味」。原來一直視為理所當然的，母親的思考方式、話語、行為是有偏差的。

當開始會以相對的角度來看自己的境遇，自己受到的對待方式或父母說的話，就會浮現出一道陰影，才開始覺得，自己的家庭很奇怪。

那也是對父母的批評或反抗的開始。開始發現父母的言行舉止中的矛盾，無法再悶不吭聲；或者對於自己過去默默遵從父母的指使和教導，也開始產生疑問和反彈。這都是很自然的獨立過程。

然而有母親病的人，會壓抑對父母的反抗或反彈。就連在外面做了一大堆壞事的人，也是如此。當他們面對母親，會順從母親，無法忤逆。

會不自覺地討母親歡心，總是擔心母親會不會拋棄自己而惶恐不安。更何況那些好孩子，以讓母親高興為自己生存價值而努力的孩子，更是害怕得不敢有些許想要反抗母親的作為。

因為了解母親的辛苦，因為了解為人母親的不容易，所以會覺得應該要忍耐。他們的心理完全被母親的辛苦故事或哭訴給控制了。

即使面對母親的言行舉止感到矛盾，但如果因為反抗而傷害了母親，還不如在自己心裡把這種想法捏碎了來得好些。

因為希望自己是讓母親感到驕傲的孩子，所以即使有問題，也會裝作一副沒問題的樣子。因為他們知道母親想聽的，是自己一切都平安、順利，所以根本不想告訴父母自己其實是很感到困擾的。

因為早就可以預見如果把困擾的事說出來，母親可能會變得焦慮、反應過度，或是不高興，反過來傷害自己，所以選擇了沉默。

有母親病的人，大致分為兩類。小時候發生過某些讓父母困擾過的問題，或者是從小就是不太需要操心的「沒有反抗期」的好孩子，表面上看起來跟母親的關係良好。

早一點出問題的狀況，雖然有很多案例都顯示問題的嚴重性，但未必會導致不好的結果。讓問題冒出來，不管你願不願意，父母都會開始關心，那麼狀況就可以獲得改善，因為到了成人之後，有不少案例大致都會穩定下來。

一直扮演好孩子的話，乍看之下會讓人覺得問題應該沒有那麼嚴重。但是一旦經過長年的忍耐，當問題發生得越晚，傷害就有多大，越是不容易挽回。

到了已經是大人，就算撒嬌，也得不到擁抱。也有的情況是雙親都已年邁，已經沒有能夠回應孩子要求的能量與青春。但是，也有的情況是即便如此，父母仍面對子女，努力了許多年才找回穩定的感覺。

無論哪一個案例都可以說，父母必須理解到問題的所在，去改變對子女的相處方式和思考模式，才能促使關係的恢復。

在還是孩子的情況下，父母一旦改變，孩子的改變也會很劇烈。若已經是大人了，就需要多花一點時間，因為受傷的程度有所不同，所以只要父母真心地改變想法或行動，都會有很大的變化。

但是，若父母不願反省自己的錯，只是怪孩子，在不願意改變的情況下，恢復的過程就會變得困難。很遺憾的，這樣的案例占多數。

然而即使是那樣的狀況，孩子也努力想要恢復，實際上也花了很長的時間，那麼都能恢復。但這種情況是，需要有一個能替代父母負責擔任安全基地，扮演重要角色的人。

有這樣的存在與關係，可以補償自己缺乏的，並逐漸修正折磨自己的偏差。本來應該是跟父母之間的事，卻與代替父母的人達成，而找回失去的時光。

．．把遭到的否定全都吐露出來

就像反抗期或批判父母的時期，是一個孩子長大成人必須經歷的時期，有母親病的人要恢復，也必須要有批判母親、反抗母親的時期。

不只是批判父母，有時候也會表示自己問題的一部分出自母親，而責備母親。

父母一方，或許有許多人會感到慌張，因為這個過去本來都聽父母的話，以為是溫柔的好孩子，卻突然用攻擊的態度與言語對待父母。

面對這樣的狀況，父母如何對待、接納，能不能積極地跨越難關，將會左右關係的恢復結果。

常見的處理方式是，父母那一方會進入守勢，不是傾聽孩子的理由而是忙於為自己辯護，更甚者還會把自己的問題丟一邊，惱羞成怒地責問孩子這樣責備父母是怎麼回事。

這麼一來，難得孩子總算鼓起勇氣面對問題，那麼想要恢復關係的機會就會白白失去。

孩子不想傷害父母，一直忍耐住想說的心情，孩子持續地在用他的方式在遷就大人。而當這個忍耐來到了極限，會使得孩子動彈不得。想要斬斷將自己綑綁的東西，所以才會拚命發出喊叫聲。

若能正面接受、理解孩子的心情，並且做出回應的話，孩子或許會因為父母的一句話，就能化解這樣的心情也說不定。只要給一句像父母會說的話，孩子甚至會覺得已經可以原諒父母了。

孩子也想解決過去那些討厭的事，也不想一直繼續責備父母。他們也想要有一個可以原諒的機會，希望父母表現出能讓他原諒的真摯回應。

孩子一直都想著父母，孩子也比父母更想成為一個大人。孩子想著父母比父母想著孩子還要多。有母親病的人，親子關係大概都是像這樣的。

即使如此，孩子也不想要憎恨父母，如果可以，也想原諒父母。

對於孩子這樣的心情，只要有一點理解，就可以打動孩子的心，脫離過去的傷痛，繼續往前進。

當孩子變得反抗，說出責備父母的話時，就表示他想改正過去的扭曲，修正雙方的關係。同時也意味著他想區分切割與父母的關係，想要獨立自主。

這時只需要傾聽他的話，衷心地去理解孩子哪裡受傷、對哪些事感到矛盾和痛苦，用最坦率、直接的心情去面對他的心情。不要為自己辯護，要分擔他的苦，跟他一起哭。

如果你真的感覺到孩子的痛，應該會跟他一起哭吧。就算當場不哭，但只要想到他的心，也會在暗地裡哭泣。父母只能用這樣的方式接受。要療傷止痛就只能把憤怒和痛苦都吐露出來，用眼淚來清洗傷口。這是最快的捷徑。

然而，當傷得太深的時候，眼淚一開始會流不出來。就像乾渴的沙漠般，心也乾了，湧不出任何感情，就連話也說出不來。

也因為已經不會去想父母的事，所以會一副無所謂的樣子，但那不過是表面上的話而已。

在他一點一滴開始吐露的時侯，表面堅硬的殼才會破掉，才會開始把心情點點滴滴化為語言。

到那樣的階段，講出來的是被父母否定的經驗，對自己做了這麼過分的事、說了那麼過分的話，漸漸將被傷害的心情吐露。要克服母親這種病，這個課題非常重要。把遭父母否定的一切吐露，把怒氣拋出來，說出感嘆與怨恨是很重要的一件事。

那是遲來的反抗期。過去埋在心裡的怨恨、對父母一直忍耐的想法，全都要傾吐出來。

如果父母願意面對，對父母傾吐，父母願意理解的話，當然會帶來更迅速的痊癒與康復。

然而在過去的各種過程或束縛中，很少有父母一開始就願意面對孩子的。

如果能夠這樣面對，也不會為母親病所苦了吧。父母對孩子的心情總是有些感覺遲鈍，總是只在意到自己的心情，孩子才會一直受苦。

絕對不承認自己的錯，並且堅信是孩子給自己找麻煩的案例占多數。提到孩子，就皺著眉頭嘆氣，用否定的眼光看他，認為這是對孩子的正當評價。因為他們從來沒有發現自己的否定評價才是在扭曲、破壞孩子的可能性。

越是希望父母能了解自己，越是能感覺到那道牆或隔閡的人，越是會受到傷害。更何況，當說出真心話，父母會回報強烈的憤怒和抗拒，還會被遭到父母拋棄的感覺給打垮。

也因為似乎可以預見這樣的狀況，所以最後當面對父母時，就什麼話也都說不出口，甚至還會討好他們。只是，擺臭臉、企圖讓父母知道自己的苦、傷害自己，做出那般自我毀滅的事，只會讓雙親更加驚愕。

如果能察覺到表面行為背後的心情，事態或許可以有很大的改變。雖然孩子有他的固執，但是父母那一方的固執更強烈。

孩子其實想改變。但部分的情況是父母無意改變，明明父母只要稍稍改變一下，孩子就會有倍數於此的改變啊！

‧‧孩子其實渴望母親

雖然生長在一個經濟條件不錯的家庭，但卻走上吸毒之路的瑠美就是如此。母親每次來探視時，都是不停地感嘆與說教。瑠美面對這些沒有反抗，只是默默地聽母親說。

那時的瑠美，情感彷彿凍結似的，對任何人都封閉起心防，也不願與人親近。看到其他學員因指導教官的離別而哭泣時，她還表示搞不懂這有什麼好難過的。

我們能感受到那其實是瑠美的心在做抵抗。她不相信任何人，封閉起心，拚命地保護自己。這就跟對父母關閉心扉是一樣的。

然而，當對母親無法敞開心扉信任的時候，那麼對任何人也都一樣。

就像她對酒館的老闆夫婦，她會表現出像對父親或母親似的信賴感，也是因她在追求一個能夠讓她打開心門的人，因為她渴求的是父母。

當瑠美把她覺得不滿的事情都傾吐出來時，露出了前所未見的笑容，並說出正面積極的話來。

一開始以為聽錯了。但她表示對於一直覺得討厭的事，現在沒有那麼討厭了，也會開始說一些好的事。

雖然能感覺得到她想要改變，但對於她的內心現在仍受父母所傷，被父母否定的事情感到介意。

並且，她竟覺得只有自己改變，是沒有用的。要是再看到母親同樣的態度，或許會產生想把一切都毀了的衝動。她沒有自信可以克服。

就在這個時候，她將探視時無法表達的心情都寫在信裡。

「反正媽媽應該會生氣，不會回信吧！」她佯裝不抱任何期待，然而在她的心裡一定在祈禱，希望媽媽有所回應。

母親的回信來了。真的讓人感到意外，不僅如此，母親還在信中對自己一直沒有察覺瑠美的感受而道歉，寫著後悔當初沒有多傾聽她心裡的聲音。那是母親第一次表現出對自己的反省。

自此之後，瑠美自己，以及和母親的關係，開始有了大幅的轉變。探視時說的話有了交集，也會去試著理解彼此的想法。瑠美的表情變得明朗，就像換了個人似的，負面的言行也都不再出現。每天的行為和想法都開始往真正下定決心戒除藥物的方向前進。

雖然頑固的人要改變很辛苦，但是一旦改變，也有不容易動搖的一面。瑠美重新站了起來。

問題引爆也是因為想要恢復關係

本來一個人從青年期到成人期的初期，都會出現出各種問題，就某種意義而言，也是因為想要解放兒時累積的彆扭心情，在變成大人之前找回原來狀態的一種本能願望吧。

母親病是所謂依附的一種牽絆病。有母親病的人，會苦於不穩定的依附關係。那是因為在養育孩子的過程中沒有好好照顧，或是雖然想照顧，但是比起給孩子溫暖的愛，還是以滿足父母的支配為優先的結果。

用一句話來說，真正的意思就是缺乏愛。

那麼，重新建立穩定依附關係需要的是什麼呢？

依附關係是需要努力、需要花時間，並且在關懷中才能建立。它並沒有什麼方便的竅門，關心多少就會表現出多少。

需要再一次回到當時生下孩子時的心情，只能多努力、多花時間，多付出關懷。只有重新以母性的關懷來奉獻。

有母親病的人，之所以會常常感到不安或發生問題，都是因為母親病產生的痛苦妨礙了他穩定的生活，但這只是其中一面的意義。

另一個重要的意義是，因為生病或發生問題，是克服母親病的契機，也是一種自我修復的嘗試。

脫離社會也有其意義

赫曼．赫賽在十四歲時脫離神學院，鬧出自殺未遂事件，被智能障礙機構收容。他絕望、詛咒把自己關進去的父母，還寫信給父母要他們快點殺了他。

但諷刺的是，一開始他討厭機構中的生活，甚至詛咒雙親，然而那卻是他人生最初的轉捩點。一直都是優等生的赫賽，在那裡體驗到不同的生活、發現另一種價值觀。園藝作業的樂趣，被交付任務照顧智能障礙的孩子的生活，讓他感覺到自我的價值。

赫賽變個人似地，生命展現出活力，於是又回到家裡。

然而一回到家，赫賽感覺到壓力，又開始故態復萌。為了讓父母能認同自己，他再次努力準備考試，這次的目標是文理中學(為升大學的完全中學)。強迫自己以責任義務為目標時，他的行為開始變得奇怪，自殺的想法又抬頭了。

鬧自殺、喝醉發酒瘋，最後只好斷了升學的念頭，去當鐘錶學徒。然而這並非他的天職。後來，赫賽在圖賓根的書店找到工作，開始離家獨立生活。書店的工作讓他發揮所學的拉丁語知識，並達成了他寫詩的心願。

自己一再地毀掉很多事，最後也脫離了學業，赫賽深深覺得，這似乎具有重要的意義。這不是父母給予、也不是被強迫的自己，而為了能獲得本來自己想要的生存方式，他不斷地背叛雙親的期待，讓他們對自己死心，也是一件必要的事。

換句話說，赫賽如果想從母親充滿強烈怨念的支配之下獲得自由，沒有那一點犧牲是不可能的。而這些痛苦，一路來的跌跌撞撞，也是為了克服母親病必須經歷的痛苦。

・重新倚賴的重要性

母親這種病，若只能用關心和重新培育才能克服，也許最快的捷徑就是重新回到嬰兒狀態，從頭開始被照顧、撒嬌、得到愛。

實際上，在嚴重的母親病案例裡，經常看到回到嬰兒狀態的案例。接受，並且徹底配合那個狀態，會是恢復穩定的契機。

不把問題發生當作又是在給我惹麻煩的負面解釋，而是認為這是想要恢復關係的徵兆。所以當本能地想追求關愛的話，那麼在眼前展開的這些事情，也會帶來截然不同的意義。

一直都是優等生的孩子，卻突然變得很不穩定，一再重覆暴飲暴食或企圖自殺的芙由美，也被認為是回到了嬰兒時期。

變得不穩定之後的芙由美，彷彿跟過去獨立自主的她判若兩人，對母親倚賴，提出無理的難題，一不順心就亂罵人，可是一旦感覺不安，又會呈現依賴的狀態。

在母親身旁鋪好被子睡覺，她要求母親抱著她一起睡。然後說出自己一直都在忍耐，以及對母親的怨恨。

母親那時候什麼都沒說，只覺得事到如今講這些做什麼，但還是繼續接受她的心情。她說要一起睡，就跟她一起睡，說要母親拍拍背，母親就拍，允許她像個嬰孩般撒嬌。

像這樣撒嬌時，芙由美的表情變得柔和起來，放心似的睡著了。藉著找回幼年時期沒能撒嬌的部分，讓受傷的心靈得到休養。

母親和身邊的人都擔心這狀態不知道會持續到什麼時候。但是並沒有如他們所擔心的持續多年，只過了半年，芙由美似乎覺得可以接受了，就回到自已的床上睡，之後去找打工工作獨立自主。

很快地她參加了正式職員的考試，她在外面似乎可以做得十分規矩得宜，好到讓母親感覺不可思議，面試也一次就合格了。合格之後，連她自己都有點不安，不知自己是不是真的可以，但上了幾天班後，狀況就穩定下來了。

偶有幾次遇到問題還是會鬧得翻天覆地，她就必須找母親談，但只要想到像嬰兒般抱著睡覺時的事，她也就不覺得苦。在徹底的陪伴中，芙由美重新獲得安全感，也開始一點一滴累積自信。

後來，她認識了一位大她十歲男性。剛開始交往時，雖然擔心噩夢會不會又要重演，但是這位男性不但不覺得芙由美是負擔，還欣然地做她的倚靠。

決定結婚的時候，芙由美更加安定，找母親商量的次數也減少了。

母親看到女兒的樣子，覺得跟芙由美搏鬥的日子好像才是真的在養育子女。才發現自己年輕忙於事業的時候，把照顧子女的事情都交給祖母，疏忽了對孩子的關心。

也許女兒是在獨立、嫁出去之前，再給她一次機會重新做一次過去忘記做的事情。也許這在某種意義上才真正成為親子。

無論女兒鬧出什麼事情，母親都能完全理解接受。都已經跨越了那麼多的事情了，所以沒問題的，可以很自然地面對面給她意見。

在此同時，母親也才發現過去的自己是如何地只說一些負面的話貶低別人，用冷笑的口氣不知不覺間一直都在傷害女兒。以前認為這些都是理所當然的，也毫無任何自覺，但比別人更纖細敏感的女兒的心情，也許就在不自覺當中受傷了。

多虧女兒發生了那麼多問題，母親才發覺自己的偏差和不夠同理心，個人才得以成長。

‧‧徹底衝撞是修復關係必經的過程

有母親病的人，對母親會無法坦言自己的真正心意。因為母親並不是安全基地，所以不可能安心地想說什麼就說什麼。忍住真話長大的案例很多。

某個時期開始反抗，開始說真心話去衝撞，但另一方面還是很小心，為了不讓母親生氣、不讓母親傷心，經常要看母親臉色。更何況那些一直都被好孩子角色綁住的人，有很多沒有反抗期，一直是對母親言聽計從。

有些因為母親精神狀況不穩定，所以無法說真話；也有些母親身體孱弱，於是為了不妨礙母親的健康，不由得就忍了下來。也有的情況是，母親控制欲很強，一切事情若不按照她的想法就不行，實在無法違抗。

然而，無論是什麼樣的狀況，為了克服母親病，必須要升起反抗母親的狼煙、將自己壓抑已久的想法吐露出來，並要有與母親做衝撞的準備。

雖然父母往往理解成那是對自己的背叛，但其中也有些父母會正面地將它視為是孩子的成長現象。在這種情況下，過去所有的芥蒂很容易快速地邁向修復之路。而第三者也有必要做這樣的引導。

・宮崎駿的母親病

以《龍貓》、《魔法公主》等動畫聞名於世的日本動畫大師宮崎駿，也可以說是一個帶著母親病的人。母親長年臥病，使他無法對母親撒嬌的故事，昇華為《龍貓》這樣的作品。然而在事情的當下，想必當事人也有一段辛苦的歷程。

宮崎駿天生就是個敏感的孩子，他內向、不擅長運動，雖然懂事，但一旦爆走，總讓大人措手不及。小時候的他討厭「新衣服」，抗拒換新衣，這件事還曾引發騷動。

這樣的小插曲，在非定型發展的孩子身上屢見不鮮。因此跟多數的天才一樣，宮崎駿在小的時候應該也是非定型，一個感覺敏銳的孩子吧。

他喜歡閱讀、畫畫，零用錢幾乎都花在買書上。

宮崎駿的家庭非常富裕，父親雖然經營小工廠，但在戰時負責製造戰鬥機，工廠裡甚至有超過千人以上的工人。還擁有兩千坪的別墅，檜木樹皮屋頂的大房子，有瀑布和噴水池，父親還開著非常名貴的汽車。

後來，當戰爭中有許多人犧牲的時候，宮崎駿對於自己的家人因軍需工廠的利益而過著舒適生活產生強烈的罪惡感。讓他特別加深這個想法的，是在四歲時遭遇宇都宮大空襲的記憶。

宮崎駿一家為了躲避空襲準備坐上車離去時，曾甩開一個帶著孩子跑上來請求「讓我們搭車」的婦女，隨即把車開走。宮崎駿曾帶著悔恨的口氣表示，當時不知為什麼沒有人要幫她一下。

宮崎駿之後有段時期崇尚馬克思主義，也是與這樣的經歷有關。他在東映電影公司和高畑勳一起站在勞工運動的前線，對活動熱心，那也顯示了宮崎駿純粹的特質。

然而，小學時代的宮崎駿並沒有顯示出這樣的活力，總是需要活潑、運動神經發達、具領導資質的哥哥來保護他，不受其他孩子的欺負。

他也是不安全感極強、需要時間適應環境的人。據說小學四年級，從宇都宮搬到永福町的他，感覺「彷彿自己存在的根基被動搖般十分不安」。

這樣的背景，並不只是因為他敏感纖細，還跟少年宮崎駿所處的不安狀況有關。小學一年級開始，他的母親就因為脊椎結核病長年臥病在床。

然而對母親的想法，也並不是那麼單純。因為母親是個氣質跟《天空之城》裡出現的天空大盜頭目朵拉很像的女性，因此她有堅強、可以信賴的一面，另一方面也許是較嚴厲、有控制欲吧。面對這樣的母親，宮崎駿無法撒嬌，只好扮演「好孩子」的角色。這樣的孩子毫無疑問地經常是不敢說出真心話，會一直抱著不舒坦的感覺。然而暗藏在心裡的感覺與孤寂一直跟著他，所以才會有《龍貓》這樣的作品誕生吧！

在他心裡，自己和哥哥不同，一直懷著沒有得到母親認同的情結。

然而他也有不輸給哥哥的地方。就是他的繪畫才能。哥哥也很會畫畫，但是他三年級的時候就已經畫得比五年級的哥哥還要好了。

進了高中後，宮崎駿開始很清楚地以當一個漫畫家為志願。但在父親卻說畫畫不能當飯吃後，他便無法再反抗。他沒有進藝術大學，而是進了學習院大學的政經學系。即便如此，他卻無法斬斷對美術的眷戀，還是跟他在中學時學畫的恩師學習油畫。

一直沒有反抗期的宮崎駿，終於到可以尖銳地衝撞父母的時候，是在他從學習院大學畢業，在東映動畫從事勞工運動。他之所以站在勞工運動最前線，就像先前所敘述的狀況一樣，因此也意味著他在反抗過去一直控制他的父母的價值觀。

他與從來沒有反抗過的母親激辯論戰，即使如此母親仍不能接受。宮崎駿說他甚至懊惱得流下淚來。那樣互相衝撞的眼淚，是一直以來的忍耐，至今終於獲得釋放。而那同時應該也是脫離父母的支配，確立自身的認同的一大步。

與母親保持適當的距離

比較幸運的狀況是，孩子反抗雙親，在互相衝撞中說出真心話，而慢慢修復，重新培養親子關係。父母也認可孩子本人的心情，從單方面支配的關係，漸漸轉移至大人和大人的對等關係。

然而，在父母親不反省自己、愛自己，又不成熟的情況下，這個過程就會變得不太順利。不是依然故我地把孩子當作自己的一部分繼續支配，就是為了支撐不安穩的自我，繼續把孩子牽扯進去，孩子要是不依他的意思，就不理不睬，繼續否定他。

只要一見面就會被傷害、被耍弄的情形一再重覆發生的話，跟父母有所牽扯反而會使孩子更加不穩定，問題更加複雜化。母親病越嚴重的情況，就越容易發生這樣的事。

在這種情形下，為了逐漸確立自我、預防惡性循環，找回穩定關係，就必須與母親保持適度的距離。

太接近的話，就會想要依附與被支配。這兩者是表裡一體的關係。因不穩定依附關係連結在一起的母子，即使時機來時也無法分開；而一旦要分開，就會自然產生抵抗。聽到母親的哭訴和責備，孩子的心會引發罪惡感與不安，會覺得不能放下母親到別的地方去，會認為拋棄父母的自己是壞孩子。

當孩子想要趕快逃離母親身邊的話，傷害還會減少一點。即使受到支配，至少已經覺悟到要保護自己的獨立。若是能夠有不打算連自己的人生都要讓渡給母親，這樣的想法還算好一點。

即使如此，母親也會用各種方法控制孩子，企圖不讓孩子自由吧。明明不給他愛，還要用傷害使孩子不安的方式，讓孩子體會到母親的存在。

當母親企圖想拉回曾經支配孩子的過去，那麼看著自己孩子的眼神就會像似在看著背叛者，想藉此喚起孩子的罪惡感，讓孩子懊惱自己不是母親的好孩子。

孩子如果幸福，心理會不太平衡；孩子若是不幸，又覺得生氣。無論走到哪裡，不被母親所愛的孩子，都是折磨母親的壞孩子。

培育出穩定依附關係的母子，親子關係會截然不同。

母親為了孩子的將來，會開心地送孩子出去。即使分隔兩地，心也會相連在一起，因此會覺得物理距離並不是問題。

就算內心再怎麼覺得寂寞，為了讓孩子放心，也不會露出痕跡，會笑著揮手說，我不要緊。

自己就算少吃一點，也希望能幫助孩子的生活。

而孩子就算感覺到分離的痛苦，也會因為心裡的母親非常踏實，即使相隔遙遠，也不會被不安擊倒，能夠鼓起勇氣朝著自己的可能性前進。因為可以感覺到母親完整的支持，所以能隨心所欲地追求自己的可能，不會有任何懷疑。

總是扯後腿的父母，和想盡量減少孩子後顧之憂、從旁協助的父母，兩者的差異非常大。

不穩定的母親、控制欲強的母親、只會說一些負面話語的母親，太接近她們的話會一直遭受荼毒。

比起培養孩子的獨立性和可能性，她們會優先去撫平自己的不安，繼續干擾孩子的未來，並視為是理所當然。因為對這些母親來說，孩子只是自己擁有的東西。

孩子也一樣，因為擔心母親，無法丟下母親離去。

然而，這樣壓抑本意，順著母親的意思總是會有極限。掩飾自己的心情，繼續接受支配，則會讓自己逐漸被腐蝕。

就像被關在動物園柵欄裡的動物會出現異常狀態一樣，在母親控制的這個柵欄裡，也會產生各種症狀。憂鬱症或酒精上癮就是其中的代表，有些人會用賭博或瘋狂購物來掩飾。可是這樣做，什麼問題也解決不了。

這樣的生活遲早行不通。在那之前，最好早點離開母親比較好，這對你們雙方都有必要。

有位商人深受憂鬱症及酒精上癮而苦，從美國大老遠跑到瑞士去接受榮格的治療。這位男性是個很有魅力的人，有深愛的妻子，而且非常富裕，看起來似乎沒有什麼問題。他的母親是一位建立龐大資產的女實業家，他也在母親公司裡擔任要職。

然而榮格卻看出這位男性的問題在於受到母親的支配。榮格告誡他，就算你戒了酒，要是再回去原來位置也會發生同樣的事。但他因已戒了酒，認為自己沒有問題了，並沒有聽從榮格的忠告。

很快地他又開始喝酒。這個狀況使得他的母親要求榮格給予建議。榮格對他母親說明事情的原委，並建議她將兒子解任。

這位男性於是被解任，他對榮格提出強烈的抗議。然而這個選擇卻產生了良好的結果。他重新站起，憑一己之力建立事業，後來也獲得極大的成功。他不再仰賴母親，離開母親的支配時，真正的可能性才開展出來。

・・一旦指望不大就要暫且斷念

即使想要保持距離，還是會對母親有所期待的話，那麼每次跟母親接觸時，就會發生嚴重傷害或感到非常失落的情形。

因為保持了距離，即使只有偶爾的接觸，孩子還是會努力想要取得良好的關係。然而母親一點也不會回應孩子這樣的心情，反而還會毫不在意地踐踏。

無論孩子再怎麼渴求、原諒，她也絲毫不會反省自己，只會責備孩子，輕視孩子的心情。一再重覆這種狀況的案例中，對母親來說，傷害孩子有一種快感，也有人虐待孩子成癮。對那樣的母親抱著期待是最容易受傷也最危險的事情。

在那樣的情況下暫時切斷關係是有必要的。運氣好的話，也許在將來某一處還能聯繫得上，總有一天，彼此的心都打開之時，還能面對面，或許能原諒也說不定。為了那一天的到來，暫時斬斷期待，停止關聯會比較好一點。

本來自立這個難關，可以說就是對母親斷念的一個過程。那是相當痛苦的一件事。會有依依不捨的心情。能充分的撒嬌、得到愛的人，就容易通過這個關卡；但越是沒能得到母愛的人，越會有強烈的依戀。

對於度過嚴酷兒童時期的人來說，要跨越母親這種病，就要先放棄對母親的渴求，也是接受這件事的一個過程。就算沒有被好好養育，只帶來傷害的母親，一旦要割捨也並不容易。

一個出生兩週就被母親拋棄、重逢後又被母親耍得團團轉，最後走上人生墮落道路的女性，認為已經沒有活下去的意義而一再企圖自殺。

雖然她嘴裡否定那個沉溺於毒品的母親，自己卻也走上同樣的歧途，醒悟到了自己跟母親也做了同樣的事。

即使想死，也是因為她感覺不到走上和母親相反的、比較像樣的人生道路會有什麼樣的意義。其根底潛藏的，就是即使如此仍渴求母親的心情。

會持續傷害自己，甚至之所以希望死去，也是覺得再也不可能得到母親的愛。被母親所愛的幸福人生，對自己來說是不可能的。既然如此，活著也不具任何意義。

可以說當她清楚地自覺到這一點時，她才從那樣的想法中獲得自由，開始重新感覺到養育自己長大的祖父母是多麼地珍貴，她開始懂得說出自己對祖父母費盡辛苦養育自己的感謝心情。

當發現自己對母親的執著，並且將它割捨的時候，才看見了真正重要的東西。領悟到自己被幻覺所困、蠱惑，於是事情一切明朗，並找到了解決的出口。

哲學家亞瑟．叔本華的生存方式和哲學，告訴這些被母親拋棄的孩子該如何保護自己。

當從母親的家中離去，並被母親宣告再也不准出現在她面前時，他依照母親所說，再也沒去見過母親。因為他領悟到唯有如此才能夠保住心裡的平安。

他在後來樹立了悲觀哲學一派，認為這世界上的現象本來就沒有存在什麼意義，用這種反向論說的方式來保護自己。如果捲入這個世界的只是盲目的欲望，母親那種只愛自己的行為，也只不過代表著觸動一切莫名欲望的一端而已。他企圖切割，認為那些都不值得憤怒或悲傷。

對母親要求母愛這件事情本身就是沒有意義的，他藉由這樣的領會來斬斷自己渴求母親的心情。

實際上叔本華的自殺念頭在與母親訣別後就逐漸轉淡了。如果仍要繼續受母親支配的話，也許他早就自殺了。與母親保持距離，斷了對母親期待的念頭，結果等於是拯救了他的人生。

在眼中只有自己而沒有愛的母親身邊，越是希望得到母愛的孩子就傷得越重。唯有與母親斷絕，才是找回平穩心情的方法。

為了克服想尋死的心情

許多被想死的念頭所困住的人，都是沒有真的被雙親疼愛的人。在想尋死的人心裡，還有另一個自己會對著自己說：你這種人快去死。

會覺得想死，是因為覺得不被父母所愛、不被認同的自己是個沒有價值的人。一直對自己說你快點去死的另一個自我，是忠實遵循父母的教導，與父母一樣否定自己的父母代言人。

會想死，是因為仍在父母的控制下。會一直說你快去死的，是受父母控制的自我。會想死，是因為就像父母拒絕、否定這個自己一樣，自己也想對自己做同樣的事情。受父母支配的孩子，在心中的某一處還是希望自己能是個「好孩子」。可是，受父母支配，對父母唯命是從還得去死，這難道不是愚蠢的行為嗎？

已經受到父母不斷地傷害，為什麼到最後還非死不可呢？那是因為在心中的某處，認為自己是個壞孩子的關係。

然而，那難道不是只因被灌輸了那樣的想法嗎？是不是只是被父母灌輸的想法支配了而已呢？

要克服想死的心情，就只能打破父母加諸的魔咒，除此之外別無他法。要從父母的支配之下獲得解放，就是停止認定這個想被愛卻得不到愛的自己，是個沒有用的人。

當父母加諸的魔咒解開之時，想死的心情也會煙消雲散了。

・・沒有出席母親葬禮的赫曼赫賽

學業中斷的赫賽，離開了家人到書店工作。因為跟母親保持了距離，脫離了母親的支配，便建立起屬於自己的生活。即使如此，他希望母親理解自己的心情仍然強烈，赫賽幾乎每天寫信。因為用書信往來，就不會太過於感情用事了。

母親也回應了他。母親並非完全不理解他的心情。只是跟他所期望的相差太多了。

儘管長時間工作，但赫賽找到了創作的新希望。他的詩開始被刊載在雜誌上，不久之後便有了出版的機會。經過一番努力，赫賽把終於成功自費出版的詩集送給了母親。

不用言明，他自然是期待這麼做可以讓母親多少對他產生認可。然而這樣的想法卻被無情地打碎。母親非但不開心，還用憤怒與抗拒的形式來回報那些內容羅曼蒂克的詩。

出版的喜悅完全被母親摧毀。兩年後，他的第一本長篇小說出版時，躺在病床上的母親正值臨終之際。赫賽雖然定期寫信給母親，卻不打算去見她。因為他很害怕一旦見面，那好不容易才保住的心理平衡，恐怕又要崩壞了。

儘管母親已經去世的消息傳來，但赫賽還是在母親的葬禮中缺席。雖然他的心情鬱悶，並受到罪惡感苛責，但也唯有如此赫賽才得以勉強保住自己。

之後，他那漫長的苦難仍未結束。赫賽成了成功的作家，但內心仍然十分不安。

他一直被憂鬱及自殺的念頭折磨，其根源就是母親深植在他心裡的罪惡感與自我否定。在母親死後仍繼續盤據在兒子的心裡，繼續責備他、懲罰他。

為自殺念頭所苦的赫賽在痛苦中書寫，而他終於克服這些痛苦的契機之作品就是《荒野之狼》。在自己一直被母親善良的價值觀支配的內心裡，並沒有住著一匹「荒野之狼」。該作品在某種意義上藉著肯定壞的自我，象徵脫離了母親的支配。

透過書寫這個作品，赫賽得以客觀地看待自己，他終於從折磨著他的自殺念頭中獲得解放。

・・不要被「理想的自己」所束縛

越是抱持自我否定想法的人，為了逃避，就越是會想要去尋求理想、完美的東西。一個完美的自己，理想的自己；一個不完全的自己，壞的自己。只會有這樣的二分法。

因為他們認為自己如果是完美的，那麼父母跟身邊的人就會肯定他、愛他，所以就算超過自己的能力，就算勉強自己，也要追求完美。

然而，世上並不存在所謂的完美。越是追求完美的自我，實際上看到的就越是不完全的、沒有用的自己，然後就會陷入自我厭惡，而變得沮喪。

「完美的自己」、「理想的自己」真的有那麼好嗎？那真的是自己所期望的嗎？

或許那樣的完美形象反映出來的是父母所希望與期待的幻影也說不定，也或許那樣是對真實的自己缺乏自信，只是為了隱藏真實自我的面具也說不定。就像年幼的孩子一樣，只是想被父母師長稱讚而已。

如果是這樣的話，就算是實現了這個「理想的自我」，這當中也不會有「真正的自我」和「屬於自己的幸福」。知道這一切都是幻影之後，只會感到更加的空虛。

與「理想的自己」相較，「現實的自己」不覺得可悲嗎？但是被幻影操縱的人難道不顯得更可悲？

因為無法成為「理想的自己」，不覺得很絕望嗎？但是，什麼「理想的自己」、「好孩子的自己」之類的，其實都很無趣。

會對「好孩子」形象有所眷戀，完全是因為不被父母所愛的關係；但是只要被「好孩子」的自己所束縛，就無法脫離父母的支配，成不了獨立自主的大人。

「壞孩子」的自己，其實也是一個重要的自己。當一個人接受了「壞孩子」的自己時，才是真正地朝獨立自主靠近了一步。

要鼓起勇氣，把「理想的自己」丟出去；要暫時停止當「好孩子」，試著當一下「壞孩子」。

罪惡感或不安的心情可能會向你襲來，但那也是很自然的事。任何人想要解開心靈的魔咒時都會發生這樣的情形，那是因為對父母的忠誠心到現在仍束縛著自己。唯有將它掙脫才能獨當一面，走向自己的道路。

試著當個「不孝的孩子」吧！試著把父母踢開一次。雖然這是很痛苦、悲傷的事，但是如果沒有這個過程，就無法往前走。而當你不再被那樣的自己束縛時，就是往恢復之路邁進，正在大步往真正的自己靠近。

當你從父母身邊解放時，或許才是你重新再愛父母一次的時候。

這一點，在與其他人的關係上也是一致的。越是想要找到理想的對象，實際上遇到的，會盡是些不好的、會欺騙人的人。那麼無論怎麼等待，迎接而來都將是失望與訣別。因為這世上不存在完美的人。想要找尋心目中理想的人物，恐怕只會落得失望與不幸。如果想要幸福，就要改變這種不佳的思考模式。重要的是，不要去追求完美一百分。因為要是追求一百分，那麼就連九十九分都會讓自己覺得不幸。所以這是一種讓人不幸的思考方式。

那麼該怎麼做才好呢？答案是，不要以一百分為滿足，而是以五十分為標準。一百分並不是最好的，五十分才夠人性化，才是最好的，要把你的想法翻轉過來。如果對五十分就能感到滿足，你的人生或許將輕鬆許多。把六十分想成是最棒的吧，一百分真的太不自然了。

然而，追求最完美的力量，也有它的意義在。因為你想要完美，所以書會讀得好，能達到別人做不到的事情。不但能成為優等生，也會被周遭的人認為你很厲害。

但是追求完美這件事，其實到青春期為止就已足夠，也差不多是該結束的時候！大人的圓融，或許就是終結你對完美的堅持。

以《奇蹟》、《神的汗手》等作品知名的作家曾野綾子，也是為母親病所苦的人。一個才貌兼備，如畫般的女性，從小就是一個乖孩子、優等生。大學四年級的時候，成為芥川賞的候選人，二十二歲就出道當作家。從此之後她一路順遂，成為受歡迎的實力派作家，聲望非常高，但在三十歲卻罹患了憂鬱症。

那是因為，在曾野綾子以「好孩子」、「優等生」追求完美的生活方式裡，出現了辦不到的一面。她除了是作家，也結婚生了小孩。作家、妻子、母親，任何一個角色她都能做得很好，因此身邊的人對她有期待，而她自己也覺得把這些都做好是理所當然的事。

當周圍的期待和她自己的實際狀況開始出現分歧的時候，這個落差慢慢地擴大。不論是工作或家庭，都超出了極限。

在她無路可走，回顧自己的過程中漸漸發現，自己努力想要回應周遭人對她的期待以及追求完美的根源，都在於她和母親的關係。就如同她對母親稱呼為「母親大人」所表現的一樣，母親在她心中是絕對的存在。然而，她領悟到自己一直聽命於母親，因為是在母親的支配下扮演好孩子的關係，才會導致自己現在無路可走。

從此之後，曾野綾子把過去受壓抑的想法都拋了出來，把「壞孩子」的自己表現出來，開始反抗母親。雖然有一段時期和母親的關係變得惡劣，但不可思議的是，當她放棄當個好孩子的開始，就像放下肩頭的重擔般變得輕鬆，也成功克服了憂鬱症。

後來她與母親的關係變得更對等，也找到了新的安定。

∴修復受傷的依附關係

母親這種病，可以說是情感牽絆的病，是依附病。所以要跨越母親這種病重要的課題之一，就是把不穩定依附關係變得穩定。

然而，要重新建構依附關係的基礎，也就是與母親的關係，有很多事並不容易。有不少母親自己也有母親病，帶著不穩定依附的情況，因此和母親修復受傷的依附關係這個課題，可以說是最困難的一件事。想要在短期間和母親面對面這麼做也不太可能。

在那樣的情況下，不如和一位有共感、同理，可以穩定支持你的第三者先培育出依附關係，修復你在依附關係上的傷害。最後再修復與母親的關係，才是更實際的作法。

首先要和父母保持適當距離，與能站在中立立場但關懷你的第三者，分享關心和價值觀，藉由被理解與接納，來進行這項建立穩定依附情感安全基地的作業。

這個人可以是朋友，也可以是伴侶、是老師，但是在具備體貼關懷的同時，也需要有某種程度不變的穩定性。醫師或是諮詢師之類的專業人士也是可以考慮的人選。

為了與父母保持適當距離，並且培養自己處理自己問題的能力，這些人的支持不可或缺。也因為有了來自安全基地的支持，人才會覺得自己能挑戰新的可能，並克服難關達成獨立。

幸運的是，有母親病的人，很不可思議地都擁有獲得貴人相助的幸運。

只是，要小心的是如果需要的心過於迫切，有時會影響人的抉擇力。這時候好好仔細看清楚是很重要的事。不要被外表看起來的體貼所蒙騙，傾聽他人的意見會很有幫助。不要撇過頭不去看那些不利於己的事實，如果覺得有點不太對，可以找較理性、冷靜看待事物的人商量。

實際上，當一個人長大成人後，依附關係穩定化的狀況下，擁有最大力量的，就是長年與你一起生活的配偶或伴侶的影響。

能夠遇見一位能夠成為安全基地的伴侶十分幸運。只是，好不容易遇到的好伴侶，若無法培養出穩定關係，只是無謂浪費對方給你的許多愛與奉獻，那麼最後也可能會變得關係不佳而結束。

不要忘了依附關係是互相的，不能只是單方面的依賴，重要的是自己也要努力成為對方的安全基地。因為這樣對方才會進一步當你的安全基地。

會妨礙這些的，依然還是你那不穩定依附關係的本性。依附關係不穩定的人，會有想要仰賴他人的想法，容易變得過於依賴，或是情緒化。特別是自己的弱點被指出來的時候，很容易把它解讀為是在責備自己，也會導致關係不融洽。

在避免這樣的弊害上，可以說求助於中立的第三者、專家，還是很重要的。因為對方如果稍微嚴厲一點你也能接受，有時需要像老師一樣的人來代替父母的角色。

當這些人成為安全基地，聽當事人說話、理解他的心情，這樣的作業同時進行的話，就能逐漸消除與父母間依附的不穩定。

尋求安全基地

沒有在家人之間找到安全基地的赫賽，在與家人保持距離的同時，也試圖在其他的地方尋找安全基地。赫賽找到的救贖，是藉由與朋友的交往，以及在療養機構時期學習到的園藝工作的樂趣。

赫賽非常重視朋友，他認真地寫信，互有往來。雖然赫賽一直帶著沒上大學的自卑感，但他很優秀的一點是，不去隱藏自己的弱點，熟識親近後，他會進一步明白說出自己的真心話與煩惱。

藉著自我的坦白，可以和朋友輕鬆交往，於是赫賽獲得許多的支持。

與伴侶的關係也非常重要。赫賽第一次婚姻，是和一位大他八歲的女性，但這位女性也有她不穩定的地方。他應該是想在那位女性身上尋找母親的溫柔吧。赫賽自己雖然也有不穩定的部分，卻也被不穩定的妻子要求幫忙做家事、照顧孩子，搞得心力交瘁。然而這對於治療他身上的依附傷害，也可以說是必要的過程吧。

他和妻子在結褵十載後分開了。後來他和一位年輕、有野心，想當聲樂家的女性再婚。那次的婚姻對赫賽來說是最糟糕的一次，赫賽失去了家庭這個安全基地，自殺的念頭也增強了。對分手前妻的罪惡感和對過去生活的失落感增強。然而，他清楚地察覺到這些都與母親的關係有關，則是在接受榮格的治療之後。

對赫賽來說，和第三位，也是最後一任妻子認識的時候，對方還是有夫之婦。但她與丈夫的關係已名存實亡，並找到了研究美術史做為宣洩的出口。她對赫賽不只是人品，也對他的工作有深入的理解，對家事與事物的管理能力也很強，這段婚姻提供了赫賽安全基地，使得他晚年生活十分幸福安定。

然而讓赫賽寫出一部部傑作的，卻也是他不幸的時代。在那些日子裡，對赫賽而言，最後的安全基地，就是寫作。當苦難與試煉越沉重，赫賽就越能深刻地書寫在日記和筆記裡，因為唯有如此才得以勉強保住精神上的平衡。不久之後，這些就成了優秀的作品，開花結果。

・沒有人給予就試著付出

依附是相互的現象。即使自己不被雙親所愛，和父母親沒有培育出穩定依附關係，但我們卻可以自己去愛誰，和那個人培育出穩定依附關係，療癒自己的依附傷害，跨越不穩定的關係。

一個在虐待中長大，滿不在乎地做出冷酷的事，被認為是無血無淚的少年，所飼養的倉鼠死掉的時候，卻流下了不曾有人看過的淚，這在現實中發生的事情。被父母拋棄，過著自暴自棄生活的年輕人，在照顧被遺棄的小狗時，逐漸找回了溫柔的心和積極的希望。會發生這樣的事情，證明了依附是相互的現象。

飼養過寵物的人，一定有這樣的經驗。當幼小的動物需要你，你也會對牠掛心。為什麼就連對動物，也會帶著愛去奉獻，對那小小的生命做到廢寢忘食的程度呢？這正是因為我們具備的依附系統受到刺激，活絡了起來。這種系統是超越物種存在的共同構造。

在母親身上得不到愛，有母親病的人，經常會因為被某個人視如父母，而將自己未曾得到的東西給予他人，因而克服了自己懷抱的傷痛。本來是因為得到母親溫柔的愛與照顧才培育出來的依附關係，但藉由自己對弱小的生命扮演的母親角色來重新培育。

與其感嘆、氣憤自己沒有被愛，不如主動去愛另一個被拋棄的人，這樣做將會對你產生很大的幫助。

實際上有母親病，為依附關係傷害而苦的人，在克服這個病的時候，需要經歷這樣的過程。如果光是自己接受別人的給予，即使再怎麼被愛，也無法跨越這個傷痛。就算配偶或情人、身邊的人、治療者或諮商師再怎麼支持你，也還是不足夠。

無論自己的存在有多麼渺小，能成為別人的支柱，像父母一樣付出愛，這樣的體驗才會使得沉睡在內心裡的依附力量活起來。那是去支持一個需要被支持的人、並且非得去保護他的本能，而那正是母性或父性的本質。

其中更具決定性的就是養育子女，那是克服自己的問題求之不得的機會。然而，對於有母親病的人來說，很容易覺得自己要養兒育女是難以想像的一件事。在心理還沒做好準備的時候就生下孩子、進入育兒期，有可能會發生一籌莫展的狀況。

因此，可以從自己的生活開始，採取讓依附關係活絡、穩定的方法，慢慢地治療依附情感的傷害，雖然看起來像是繞遠路但其實是條捷徑。

可以去飼養小動物，或是去當志工，照顧孩子，去支援有困難或弱勢的人，也會有很大的幫助。

從稍微遠離自己的父母或孩子的地方開始做起，依附的傷會被療癒，也可以用更客觀的角度來看待自己。

改掉負面思考的習慣

除了培育穩定依附關係外，還有一件非常重要的事，就是減少負面思考。有母親病的人在人際關係上容易產生摩擦，因為不容易建立穩定的關係。

有母親病的人，容易被負面的情感與思考方式所綑綁。特別是經常被否定、被挑毛病的人，這種傾向就越強。

然而，這樣的人當自己成為大人、為人父母後，也會變成整天只會雞蛋裡挑骨頭、動不動就說些否定的話語，模仿起過去曾經是那麼討厭的父母他們的行為舉止。

他們誤以為說些嚴厲的話，會更像大人、更像個為人父母應該有的口吻。但他們沒有發現，那樣做不只是在過去苦了自己，還會毀了當下的人生，也預備了未來的不幸。不自覺地造成自己孩子的痛苦，奪走他的自信和自我肯定，也培育出另一個背負不幸的人。

會產生不幸的連鎖，就是這種習慣性的否定口吻。那可以說是在散播毒害，是不幸的根源。

當自己被傷害，事情不如想像中順遂時，就貶抑對方、把對方的一切否定的口吻，其實是自己傷害了自己的救命繩索。不僅在不知不覺間傷害了和自己所愛的人之間的關係，結果造成自己被配偶和子女拋棄。

停止這種愚蠢而百害無一利的慣性吧，只要你能這麼做，人生就會有重大的改變。如果希望別人多愛自己一點、多珍惜自己一點，希望能幸福地過著心靈更豐富的生活，就必須盡快努力停止這種習慣。

如此一來，不只是你，你愛的人、你的伴侶或是小孩，也都能變得樂觀積極、相信自己、珍惜他人，也會得到實現夢想的力量。要把不經意就責難對方、否定對方的壞習慣戒除，因為這是長年跟隨你的壞習慣，必須努力戒除，而且沒有什麼比這樣的努力可以獲得更多的回報了。

・・找出自己和他人的優點

重新養成把所有事情都用正面思考來看的習慣，這一步就是努力增加笑容。笑容是給對方的溫柔，對自己也是好事。不僅會得到對方回報的笑容，自己展開笑顏也讓自己緩和痛苦。

去感受對方的心情，可以把自己從自己的痛苦束縛中拯救出來。即使有時無法直接去除這份苦，但你的心情不會朝向自己的苦，而是會朝著對方的心情或周圍的好事，這麼做就能緩和你的苦。如果因為覺得苦就老是被那種苦澀囚禁，只會造成惡性循環。

停止啟動這個讓自己沾染不幸的模式吧！

用負面的感情或話語做出過度反應，將會產生負面連鎖效應。如果不斷反覆，將永遠無法從這個痛苦不幸的連鎖中逃出。

周圍的人也會因你而受傷，即使他當下忍了下來，心裡也會默默開始對你產生反感或焦慮。那將會變成小小的裂痕，侵蝕你們之間的感情，當這些越積越多，就算有再強的情感牽絆也會遭到破壞。

當事情不順遂、期待落空的時候，更要讓頭腦冷靜下來，把心溫暖起來。當你被憤怒驅使，想丟出攻擊性語言的衝動跑出來時，你更應該將它視為是你的試煉。

對方失敗的時候，你就想想自己失敗時的情形；當對方的行為讓你生氣的時，你就想想自己是不是也曾經做過相同的的事情。

自己覺得苦的時候，就會認為這個苦是某個人害你的。會想要把這股憤怒丟到誰身上去，小心怨恨和不滿把你的心都抹黑了。

然而，大致上以客觀事實來看，這並不是任何人的錯。人的痛苦大約有九成是因為自己本身容易受傷或是無法信任他人的心情而產生的。

把不信任和憤怒的箭頭朝向某人時，只是把自己的心弄得更汙穢而已。更何況是把這個箭頭指向你身邊會為你著想的人，那樣的行為就像是拿石頭砸自己的腳。

受傷的痛楚最後會回到自己身上，最終只會讓你失去支持自己的重要存在而已。停止這樣愚蠢的惡性循環吧。

把眼光往好的地方看，不要把自己遭受的不愉快當作是負面的事情，而是把它想成是對自己的一件好事。

凡事都會有令人討厭的一面，當然也一定都會有那麼一點可愛的、有用的地方，也是可以拯救你的地方。

這世上並不存在那種絕對的惡人，也沒有人是絕對的好人。

即使是不成熟、孩子氣、自私自利的人，也會有他好的一面；陰晴不定、感情用事，會出手打人的人，也會有他溫柔的或專心一致的一面。

把目光專注在他好的一面，把這些正面的評價或感謝表達出來，銘記於心。

「你有為我著想。」

「其實你人滿體貼的。」

「原來你有這麼棒的一面！」

光聽到這些話，對方心裡就不知道有多開心，覺得自己被理解，會想為了你而努力成為一個更好的人。

當你只說出不好的地方或不滿和焦慮時，與對方內心裡產生的差異，將會非常大。

當你把關注的焦點擺在好的地方，很不可思議的，你的周圍也會開始有同樣的情形發生。幸福喚來幸福的好循環就此誕生。

只要這樣，人生就會逆轉。

一個人可以毀於一旦，也可以走上美好的人生。

你要用不幸與憤懣過完一生，還是要充滿滿足和感謝來過一生，便關乎於此。

‧‧學習妥善處理問題的技巧

生活中出現一些問題或是麻煩是很自然的事情。不要感嘆或是責怪他人，重要的是不要被負面情感擺布，要用正確的方式處理問題。

只因為發生了問題，就覺得自己果然不行、大家都在折磨自己等等，實在沒有必要這樣想。這樣的感嘆或是責備，只是在浪費時間和精力而已。

有母親病的人，特別是被困型的人，動輒會陷入毫無益處的負向思考，對自己、對對方，都沒有好處。

但是重要的是解決問題、往前邁進，光追究問題的原因、找個人來整治，一點好處也沒有。

那麼該怎麼做才能妥善處理問題呢？

要妥善處理問題的第一步，就是對問題不要有情緒化的反應。

沒有得到穩定愛的人或被傷痛困住的人，會因為感情用事，而讓問題糾結很久。自己把傷口擴大，把一個小小的擦傷搞成攸關性命的痛，那真是太愚蠢了。

先深呼吸一口氣，待情緒穩定下來後，首先就是把事實和心情劃分開來，然後單就事實冷靜地看待。

人很容易會把害怕的事情或期待的事情誤解為事實。不穩定的人更會把這些都視為事實。

那是你受傷的心情被反映出來的幻影。因為被幻影所困，而產生過度反應，使事情變得更糟糕。

有討厭的事情時，要先冷靜地回想發生了什麼事情。

假設有個總是會跟你打招呼的同事，對你視而不見。那麼會在意他人臉色的人，也許就會變得沮喪，會認為自己被漠視了。

此外，可能也有人只是因為看到其他人聚集在一起開心地聊天，就覺得不舒服，好像自己被排擠了。

你認為這樣的反應如何？應該有人會認為這樣是有點過度反應了，也或許有人會覺得自己有時候也會有這種感覺。

心靈受傷的人，就算看到別人沒有什麼表情的表情，也很容易就會理解為對方在生氣，懷有惡意。

一直為母親病所苦的人，大抵都是被否定、被傷害過的人，因此就算是不經意的動作或沒有任何意義的表情，也會感覺到敵意或怒意。總是會把它看成是自己一直害怕的東西。

該怎麼做才能不受到更多的傷害呢？

其中一個方法就是自己講一些話給自己聽。例如告訴自己「他只是因為別的事情分散了注意力，沒什麼特別意義」。

告訴自己「大家只是聚在一起聊得很開心而已，沒什麼特別意思」。

告訴自己「那個人本來就是長了一張沒生氣時看起來也像在生氣的臉，沒什麼特別意義」。

講給自己聽相當有效果。

還有一個方法，就是想像發生在自己身上的事情如果發生在別人身上會如何。在腦子裡想出一個自己信賴的、有穩定人格的人，想想看如果是他的話，會怎麼理解、怎麼應對。於是你就能客觀地看待事情的狀況，可以冷靜下來，也能找出更佳的理解方法或反應的方式。

平常就要與穩定依附型的人往來，去接觸那個人的思考方式與行動模式，便能在不知不覺當中學習到他的方法。

不要將自己的想法和他人的想法混淆

要培養出穩定的依附關係，用一句話來說，就是成為彼此的安全基地。因為這個緣故，才能保住安全、得以安心，這也比什麼都要來得重要。不要有負面反應，也就是指不要傷害這種安心感。

這個時候，在不知不覺間傷害對方安心感的，就是過於按照自己所想的來支配對方。本來應該是安全基地，卻侵害了對方的主體性，變成強迫或是變得像在監督對方一樣。當對方無法安穩地舒展自我，就會有窒息的感覺。

有母親病的人，對自己和他人的界線非常脆弱。總是覺得母親的意思就是自己的意思，因為一直受支配，所以不太懂得區分他人的心情和自己的心情。

很容易誤以為自己期望的也是對方的期望，自己恐懼的也是對方的恐懼，認定對方也會跟自己有同樣的感受。相反地，也會產生錯覺以為對方需要的或害怕的，也是自己的心情。

和對方越是親密就越分不清自己和對方的界線，就容易發生支配他人或受到支配的情形。因為，在成長過程母親也一直是這樣對待他的。就像長年以來母親對他所做的，他也會對自己愛的人這麼做。這會損害對方的獨立，也會損害自己的獨立，不知不覺當中就容易產生強迫或支配的依賴關係。

無論是被支配，或是支配對方，這當中都會有與自己本意相違的強迫或欺騙。強迫也好，欺騙也好，總有一天揭開假面，就會變成背叛和憤怒而展開報復。所以走上這條路就像是自己故意走向懸崖似的。

人生沒有什麼損失會比偽裝自己的本意還要大。而這樣累積個十年、二十年下來，就會產生無法挽回的重大偏差。

為了防止這樣的事發生，要區分出自己和他人的心情，要弄清楚那真的是自己的期望，還是對方的期望。必須要問自己這個心情是不是只是欺騙或勉強自己。

希望你可以回頭想想，有沒有把對方的期望跟自己的期望混淆在一起的時候。如果你懷著那種像志工的心情想為對方做什麼，這當中就有你的驕傲，而不是對等的關係。

如果以為自己什麼都知道，並且期待對方會像自己所想的那樣，這也是一種傲慢。你之後就會體認到其實自己什麼都不懂。愛與親近，並不是支配或被支配；和支配站在完全相反的位置的，是愛和友情。

為了不隱瞞本意，要經常將自己的心情化為語言說出來。要一直強調我想這樣做、想變成這樣，化為文字寫出來也可以。

不可思議的是，人生會依你所講的那樣往前走。弄清楚自己想變成什麼樣子是非常重要的，如果連自己都不知道，那就不可能找得到屬於自己的人生，也沒有人有辦法給你。

想變成這樣、不想變成那樣，這些話要經常掛在嘴邊。那就是設計人生，也是確定你應該前進的方向。

同時，也要讓對方說出他的心情。對方越是說了你不想聽的話時，你就越要認真地去傾聽。因為這些話都是解決問題的重要線索。

聽了越是讓你覺得不舒服、產生情緒性反應，或是抗拒的時候，就越是切中問題要害的重要訊息。能不能面對它，將左右著問題能解決與否。

也許你無法冷靜下來，但當你頭腦冷卻下來後，再回頭去想就可以了。意思是說，要好好地思考對方想傳達的訊息，也要想想自己之所以不想聽，是代表什麼意義。

不要把自己的想法強加在對方身上，也是很重要的事。對方真正的期望是什麼？如果感覺到抵抗或是有什麼地方卡住了，就回頭想想是不是忽略了什麼重要的訊息。不要勉強往前走，因為在這個地方勉強自己的話就會產生傷痕。要養成當你感覺到抵抗或是被什麼東西阻礙的時候，就警告自己要停下來，然後仔細地想一想的習慣。

比起自欺欺人地往前走，就算是多花一點時間暫時停下來思考，也可以防止無謂的辛苦。發現走上錯誤道路時，就必須鼓起勇氣回頭。因為你最後終會發現它是一條捷徑。

‧‧面對自我的功課

自覺有母親病的人，會感受到在現實的各種關係裡，隱身在暗中支配、策動自己的那股力量。

也會發現這股暗中的力量正在綑綁、萎縮了自己的行動，奪走了自由。當在各種情況可以客觀看清楚自己的行為時，就會發現自己在這當中和父母之間的關係，會不斷地改變形狀。就跟自己還是小孩子的時候一樣，表現出的行為舉止一直像是有母親在身邊監督似的，又或者是發現自己的行為舉止就跟母親一樣。

開始清楚地自覺到自己，尚未從那些沒由來的罪惡感或沮喪之中逃離，自己的內心仍處於痛苦之中，一直帶著沒有被母親所愛的想法或被否定的想法。但即使如此可能也還無法完全停止這種傷害自己的行為。

開始感覺到之所以無法按自己的想法獨立自主，其中一個原因是母親過度支配或過於期待。另外，一直抱著對母親感到氣憤的心情，也還無法完全消除。

偶爾會突然想起一直分開生活的母親，孩提時代的記憶莫名地甦醒，在自己養育孩子的當中，在其他的活動或和某些人的關係中，仍未解決的問題會再一次地在腦中閃過。

工作或家事做得沒有自己想像的那麼好時，雖然躺在床上，但那些快要遺忘的記憶卻又會湧現。

也許這是要求你現在得面對自己的訊號也說不定。再一次把那些你已經不再去想的課題拿出來面對，也許就是你重整自我人生的時機來臨了。

磨合、接納的作業是必要的，但關於方法並沒有正確答案。每個人用各式的方法來讓自己接納自己。我們可以說的只是，你如果把它放著不去解決，那就絕對永遠解決不了。

雖然時間也會治療傷口，但是要真正地恢復，還是必須面對。

如果還有尚未吐露的想法，就把它全都說出來。把怨氣和受傷的心情全化為語言。

只是，重要的是不要太急著一次全部都說出來。長時間累積下來的受傷情感，也沒有辦法一次就說出來。

操之太急的話也會痛苦，會被情感推著走。

訴說心情的同時，必須注意不要完全被情感推著走。重要的是一一地去解開。

如果有人對你所說的話深表同感，並同時能有耐性地冷靜傾聽，那將是非常值得感謝的事。

當身邊沒有這樣的人的時候，把想法一一寫下也可以。

從寫一行開始。不是什麼有條理的文章也沒有關係。

一個光景，一句話。

想起來的事情，留在記憶裡的東西，把刺進你心裡的事情，化為一句句話寫下來。

在這個作業進行的當中，發生在一個人身上的事或曾嘗過的滋味，會漸漸具體成形。

也許那些片段終於會逐漸形成自己的故事。

故事一直無法往下走，同一個場面或同一個場景或同樣的話，不斷巡迴重覆也沒關係。把你的苦、你心中溢出的東西，寫在筆記本上。

負面的情感變成難聽的話、變成謾罵的言詞或叫喊，可能只會一股勁地把筆記本都填滿而已，但那樣就好。把迸出來的東西，用空白的筆記本去接受。

筆記本不會批判你，它只會把你的話如實反映給你。不高興的話你也可以撕掉它。

無論用何種形式，把受傷的心情化為言語全都吐露出來的作法，是不可欠缺的。一開始你吐出的那桶水也會因汙穢變成全黑的。

在一再重覆的過程中，再怎麼強的髒汙，也會漸漸變淡。

於是，不可思議的事發生了。隨著曾經那麼憎恨雙親的心情變得淡薄，同時，你開始感到父母溫柔的一面，肯定他們曾為自己所做過的事。

即使你一直覺得只對你做一些過分事的父母，偶爾也會做一些像父母該做的事，或者想起他們曾經為自己擔心過的事。

從小受到可怕虐待的孩子，想起母親唯一一次為自己做的飯，一邊不好意思地說「其實很難吃」。但是這件事留在你的記憶裡，就表示那是你少數非常愉快的經驗。

‧‧接受事實

十二歲時因母親自殺而失去母親，自己也為進食障礙和憂鬱所苦的珍芳達，發現自己問題的核心在於母親，她開始去面對的時候，已經是四十幾歲時的事了。

她把過去避免想起和母親之間的事都告訴了治療師，她雇用律師，到母親自殺的醫院取得診療紀錄，去了解母親究竟發生了什麼事。

從這樣的調查當中，她從未見過的母親模樣開始浮現。

珍的母親法蘭西絲，在加拿大的農場出生長大，但是在八歲的時候發生了悲劇，她遭到一個鋼琴調音師性侵。有這樣創傷的女性，不少會因此認定性的魅力就是自己的價值。在法蘭西絲身上發生的，也是這樣的狀況。

法蘭西絲成長為一個充滿魅力的女子，她還將這個特點發揮到最大。她在銀行擔任祕書，擄獲了大自己三十歲富豪的心，嫁入了豪門。

雖然生了一個孩子，但富豪在數年後去世，很年輕就當上了寡婦。接著和受歡迎的演員亨利．方達結婚，然後生下了珍。

然而婚姻生活卻漸漸變得悲慘。這時候法蘭西絲遇見了一位男性，是一個初出茅廬的音樂家。她被經常不在家的丈夫放在家裡不管，乾渴的心靈和身體開始燃燒起來，和音樂家經常幽會，有一段時期經常不在家。

然而母親那段戀情仍然破碎，她被拋棄了。

母親的肉體也受了傷。她的隆乳手術失敗，胸部變形。這些事情對母親來說，是多麼痛苦的事。珍到四十幾歲，以一個有同樣經驗的女人來看，才終於能夠理解那種悲傷。

珍自己在生了孩子後，也有過產後憂鬱，所以她能懂母親的不關心狀態，其實是產後憂鬱症的一部分。

她也知道母親希望生個男孩子，卻生下她這個女孩，最後甘冒第三次剖腹生產的風險生下了弟弟。

甚至連母親的關愛就是放在弟弟的身上，她也願意坦率接受這個事實。

也因母親有過性的創傷，才能感受身為女性這種性別的悲劇宿命。

理解母親這個人，接納她，並且對她的悲傷產生共感同理時，珍才第一次真正為母親的死流下眼淚。

了解過去所有的事之後，藉著面對事實，她終於能原諒母親。而那些事實對她來說絕不會都是剛剛好可以接受的狀況。即便如此，她仍因客觀地了解母親這個人，懂得自己所受的傷的意義，才能夠跨越過去。

然而最重要的是，她之所以能夠原諒母親，是因為她自己也希望這麼做。

孩子並不會想要怨恨父母，都是想要原諒母親的。孩子需要有線索。

之後珍芳達把她的後半生奉獻給保護青少年的活動，想讓自己的經驗變得有意義。

・・孩子會想要原諒父母

被企業家妻子，工作起來像有三頭六臂似的母親，孩提時期一直以否定的方式教養的比呂子，雖求助於信仰，但終究還是過於勉強自己而生病的比呂子，是療養院生活的時候才驚覺自己的問題是在和母親的關係。

壓抑自己，看著母親的臉色、受母親的控制下，她開始領悟到原來自己是為了要獲得周遭人的認同，不知不覺間養成了看輕自己的思考方式和行為模式。從此她一點一滴去改變自己，不再看他人臉色去努力，摸索出屬於自己的生活方式。

把時間花在自己喜歡的繪畫或閱讀上，開始珍惜與丈夫和家人的生活。因此，比呂子找回了生活的餘裕、自在地生活。

然而即使如此，每次和母親見面，心情就會感到鬱悶。因為再怎麼重新整理自己的生活，和母親的不穩定關係仍無法單靠她的力量去修復。最多只能做到和母親保持距離，不再受到母親的毒害。

這樣的狀況持續了將近二十年的時候，母親因腦中風病倒了。雖然沒有生命危險，但是留下了後遺症需要復健。比呂子開始陪著母親去做復健。剛開始她戰戰兢兢的，覺得不知道會不會被母親說什麼，會不會又被母親刺傷。

母親不知是不是對自己感到氣餒，表現出她從未見過脆弱的一面。一個無論做什麼事情都以自己的力量克服，那麼剛強的女性，卻連自己的身體也無法隨心所欲地活動，會是多麼地無奈。

以前說話總是趾高氣昂，這次卻說她拚不過年紀，第一次對照顧她身邊大小事的女兒低下頭說謝謝。

看到母親怯弱的樣子，從小到大幾十年來一直被否定、控制的這些事，早就飛到九霄雲外去了。那麼堅強、有能力的母親與現在的落差，讓她覺得母親可能只是用那些剛強的表現在保護自己而已，她突然覺得母親很可憐，母親也是用她自己的方式在拚命努力。

兩個月照顧母親往來醫院的期間，比呂子感覺到過去內心的疙瘩逐漸消失，覺得已經無所謂了。

在復健結束的時候，母親又恢復她的剛強，還是那麼伶牙俐齒，但她卻感到高興，覺得那樣才像母親。就算母親說什麼，她已經可以笑著聽而不會感到受傷了。即使知道母親疼愛的還是那個不常見到的弟弟，但也不再生氣，還可以冷靜地告訴弟弟，要他常常去讓母親看看他。

漫長歲月的最後，比呂子對母親的疙瘩已經結束，同時開始覺得自己的人生這樣也很好。

當孩子可以原諒父母的時候，孩子對自己、對任何人，最終於都可以獲得很大的肯定，對人生也可以感到充實、滿意。

能夠做到這些事，也是因為她能夠持續去面對長年放在心裡的母親病吧。所以即使面對生命的不順遂，但在她的內心，恐怕還是希望可以原諒過去，她只是一直在等待這樣的機會來臨。

孩子是想原諒父母的。孩子不會想要過著怨恨父母的生活。因為一直恨下去，就是懷抱著否定活下去。沒有什麼事情比被最重要的人否定來得悲傷。

任何人都會想結束這樣的事。

一點點的小事也可以是線索，當孩子對父母的心情或生活方式產生同感與同理，孩子會認為父母曾經對自己做過為人父母該做的事。

因為這麼一來，就能夠原諒父母了。

有個曾遭受到父母嚴重虐待的年輕人，母親最後自殺了。他把父母對自己做過的事情都吐露時，同時也說明母親自殺前發生的事。

母親跑來看他，但很不巧地沒有見到。

她應該是來見自己最後一面的，年輕人平心靜氣地說著，眼中浮現一抹淚光。

我想媽媽她也是很寂寞吧！

雖然她自私地死了，但她是帶著什麼樣的心情來看我呢？突然覺得她有點可憐。

雖然對我做了很過分的事，但現在我已經不恨她了。

就算父母只讓孩子看見過一次自己的父母心，孩子也會以這樣的理由來原諒你。

孩子不會想恨父母，他們只想愛父母。

隨著對父母的否定想法越來越淡，對他人也會開始產生體貼心，會變得更溫柔。

並且，對自己的否定想法也逐漸薄弱，肯定的想法會逐漸增加。

我想應該是因為發現到自己被父母用否定的想法困住，導致對自己、對他人都產生否定的心情吧。

於是有一天，當過去侵蝕自己的毒害，會凝固成透明的結晶體，就像被取出似的從心中剝落。

這時候，一直折磨自己的東西，甚至會變成特別重要的寶物。總有一天，你甚至會接受這些痛苦是形成今天的自己不可欠缺的生命調理包。

結語

如果這世上有唯一不變的東西，那或許就是孩子期待被母親疼愛的心。

這個願望裡沒有任何的折扣也沒有算計。越是不被愛的孩子，這種想法就越是強烈，有時候也會因此而表現出完全相反的樣子。

然而無論他們裝得有多麼地無所謂，表現出敵意或攻擊的行為，但心底深處一定都深藏著渴望母愛的心情。

我每天接觸到許多受到心靈傷痛的年輕人，心裡深切地感受到，對孩子來說，得到父母的愛是多麼重要的一件事。

無論怎麼做結果都一樣，所以有品性變得敗壞、沉溺於自殘與毒品的少女；也有找到負面生存價值對社會報復的年輕人。然而，只要能實際地感受到母親是看重自己的，他們就會想要改變。

覺得根本沒有人是真心地擔心自己，所以在行為上自暴自棄。因為就連父母都不重視自己，這樣的自己哪有什麼活下去的價值。可是當他能真正感受到父母珍惜他的時候，就會開始思考不能糟蹋自己，要愛惜自己。

另一方面，也有那種母親的愛變成沉重的負擔。這是由於母親照顧孩子過於無微不至，因此孩子受到過度的支配，導致被奪走本身自主性的狀況。

即使如此孩子仍希望獲得母親的認同。因為不想讓母親傷心，所以放棄了屬於自己的生活方式，去回應母親的期待。然而，對父母忠誠，會綁住、抹煞了自我。所以必須要有背叛母親期待的勇氣。只要他們不去否定母親，不想辦法拿回自我的主導權，就無法找回原來的人生。為了不讓母親傷心而犧牲自己的人生，現在已經足夠。是你改變生活方式的時候了。

儘管如此，母親病會如此蔓延開來的原因是什麼呢？絕不是因為母親怠惰了。相反地，世上有太多每日生活忙碌，除了母親之外還必須扮演許多角色，有時候連父親的角色都得承擔。

在社會的近代化下，使得母親和孩子被孤立了，於是容易產生孩子被母親支配的狀況。母親太過忙碌，沒有足夠的時間關心孩子，還必須代替經常不在家的父親扮演嚴厲指導的角色。但是孩子會期望這樣一個超人般的母親嗎？孩子想要的，只是一個開朗溫柔、有困難的時候會默默在旁陪伴的母親吧。

這個社會應該是變得越來越富足、舒適，更適合人類生存才是；然而為了富裕的生活，這樣的生活型態反而像從孩子身邊把本來屬於他的母親奪走似的。可能這也是促使母親這種病增加的重大原因吧。即使經濟變得富裕了，卻沒有得到幸福，甚至感覺不到生存的意義，我們認為原因就在於此。

越是辛苦努力，真正的幸福和富足卻離得越遠，這是多麼空虛的一條道路啊。而現在就是你選擇不同道路的時候了。在這層意義上，母親這種病對你個人來說，還有對社會來說都是需要去克服的一件事，為了找回生存的幸福和喜悅，它是你必須面對的課題。首先第一步，就要從回顧自身和周遭開始。

最後，我要對在我執筆期間一直熱情支持我的Poplar出版社編輯部的千美朝小姐表達由衷的感謝。並且我還要深深感謝一直以來我所熟識的，讓我學到許多並給予我支持和喜悅的所有人，並祈禱你們都能幸福！

二〇一二年秋

岡田尊司

Issue 034

母親這種病

作　者—岡田尊司
譯　者—張婷婷
主　編—李筱婷
企　劃—林進韋
封面設計—兒日設計
內頁排版—宸遠彩藝
總編輯—胡金倫
董事長—趙政岷
出版者—時報文化出版企業股份有限公司
108019台北市和平西路三段二四〇號四樓
發行專線—（〇二）二三〇六六八四二
讀者服務專線—〇八〇〇二三一七〇五
（〇二）二三〇四七一〇三
讀者服務傳真—（〇二）二三〇四六八五八
郵撥—一九三四四七二四時報文化出版公司
信箱—一〇八九九臺北華江橋郵局第九九信箱
時報悅讀網—http://www.readingtimes.com.tw
法律顧問—理律法律事務所陳長文律師、李念祖律師
印　刷—家佑印刷有限公司
初版一刷—二〇一四年九月五日
二版一刷—二〇二一年五月二十一日
二版二刷—二〇二四年四月二十六日
定價—新台幣三二〇元

時報文化出版公司成立於一九七五年，並於一九九九年股票上櫃公開發行，於二〇〇八年脫離中時集團非屬旺中，以「尊重智慧與創意的文化事業」為信念。

母親這種病 / 岡田尊司作 ; 張婷婷譯. -- 初版. -- 臺北市 : 時報文化, 2021.05
面 ;　公分. -- (異言堂 ; JA00034)
譯自 : 母という病

ISBN 978-957-13-8985-1(平裝)

1.母親　2.親子關係

544.141　　110007177

ISBN 978-957-13-8985-1
Printed in Taiwan